10分鐘，玩出孩子專注力的潛能遊戲書

張倖慈——著
協力團隊——潛力種子兒童教育中心

目錄

PART 2

專注力遊戲

CHAPTER 5 指令理解與邏輯推理遊戲 ………… 153

CHAPTER 6 桌遊可以怎麼玩 ………… 175

推薦序 1

歡迎光臨「玩」的世界

王意中
王意中心理治療所所長／臨床心理師

我是一個非常愛玩（Play）的人，無所不玩，總能自得其樂。雖 50 幾歲的人，但自信比多數孩子還充滿著好奇與玩性。在生活中，工作上，我總是帶著玩的心情與態度，這讓自己能夠時時充滿著活力、愉悅與熱情。

對學齡前的孩子來說，我總認為「玩」是孩子這個階段的積極任務。好好的玩，玩出認知，玩出語言，玩出社會情緒，玩出粗動作、細動作，玩出生活自理等能力。

玩是孩子的天性。但對有些孩子來說，卻不怎麼會玩，不知道如何玩，不知道玩什麼，不知道跟誰玩。更加可惜的是，現今有些孩子只對手機、平板、電腦、電視螢幕感到好玩，把玩給窄化了。少了五感的刺激，讓自己的視覺、聽覺、觸覺、嗅覺、味覺等能力產生了鈍化。

在臨床實務工作上，常常發現當學齡前孩子不會玩，這時孩子在社會、情緒、行爲上，就很容易出現問題。這也讓父母在教養上，老師在班級經營上，孩子在發展上，帶來相當負面的困擾與影響。由此可見，玩是多麼重要的一件事。

玩的元素，充滿在日常生活中

只是對於有些大人來說，卻對玩產生了偏見，認爲玩是在浪費時間。總認爲孩子應該花多一點的心思在聽、說、讀、寫、算，好讓他們未來進入國小後，能夠跟得上進度。

學科基礎的養成很是重要，這一點毋庸置疑。但當孩子缺乏了玩的基礎，少了學習動機的培養，日後學科能力想要有紮實的底子，我將有所保留。很尷尬的是，有些父母知道玩的重要性，但自己卻不知道該如何玩？頓時，爸媽不懂玩，孩子不會玩，整個生活顯得無趣，孩子的發展也很容易停滯下來。

我總認為孩子的玩，可以無所不在，日常生活中許多的事物，都可以是玩的元素。當父母能夠善用居家生活中的物品、玩具或教材，陪伴孩子一起玩遊戲，這對孩子來說，是多麼幸福的一件事。

玩讓孩子提升專注力，越來越喜歡玩

《10分鐘，玩出孩子專注力的潛能遊戲書》作者張倖慈老師（小張老師），除了有紮實的理論與實務經驗之外，書中充滿了陪伴父母、老師如何親自動手做，來引導孩子製作、創造遊戲的能力。親子在遊戲的過程中，將更加充分了解玩的關鍵元素。父母也可以適時掌握孩子的發展進度與現況。

玩可以很戶外，玩可以很居家。玩可以很動態，玩可以很靜態。玩可以一個人，玩可以團體來。玩當然也可以混搭。**玩讓孩子能夠提升專注力，穩定自己的情緒，培養休閒娛樂，以及壓力因應與調適的能力。**

玩讓孩子看見自己與周遭人事物之間的關係，玩讓孩子開啓好奇心，趨近且探索這個世界的豐富，也欣賞到這個世界的美麗。讓我們好好閱讀這本書，讓自己願意開始玩，孩子將會越來越喜歡玩這件事。

推薦序 2

給孩子 10 分鐘的完整陪伴

陳其正（醜爸）
親子講師、作家

在三個孩子每學期的親師座談會，多少都會討論到班上的「問題孩子」對「其他同學的學習權益」所造成的影響。雖然愈來愈多家長明白盡量不要針對某個孩子、他的父母也盡力了……，但也許是想到自己孩子的受教權被影響，仍不免情緒、甚至砲火橫飛。

這些「有問題」的孩子，不少都出現所謂的「過動、注意力不集中」的症頭；而這樣的症頭雖可能來自注意力不足過動症，但也有研究及臨床報告指出，可能來自從小在家中培養的習慣，及父母的教養方式。

「哦哦醜爸，所以你在指責父母囉！」

冤枉啊！父母雖會犯錯，但絕大多數是無心之過。我們多數人小時候未曾嘗過被陪伴的滋味，如何教養孩子幾乎都是邊看書邊摸索……沒錯！關鍵就在你看什麼書了！

小張老師（本名張倖慈）大作《10 分鐘，玩出孩子專注力的潛能遊戲書》非常適合現代父母閱讀！**兼具「看見問題核心」與「處理問題技巧」兩大優點，非常適合需要充實相關知識，並佐以具體作法的父母。**

10 個關鍵 QA，帶出安全探索

當我看到學有專精的小張老師於書中提出 10 個關鍵教養問答，不禁疑惑：教養問題百百款，才 10 個會不會有失籠統？閱畢，恍然大悟這 10 題關鍵問題是緊扣「專注力」的！雖然不見得密切相關，但如上面所

言，孩子注意力不集中與父母教養方式的關聯性，其實在看似不相干的小細節中即漸漸養成。

孩子心無旁騖、全心探索的專注神情，大概是父母眼中最美的風景。如此風景美好背後的成因之一，即是孩子無須把心思放在會影響他生存的因子上，而那些因子幾乎都能避免。欲知詳情，就需要你繼續讀下去了。

10 分鐘的專注陪伴，帶出自信與自足

雖說個人覺得書裡的遊戲哪可能只玩 10 分鐘，但我想這些遊戲一玩下去，孩子光經歷 10 分鐘的完全專注，就能帶出他們對自己的自信與自足。

小張老師不僅以孩子的發展階段做遊戲類別的區分，**每個遊戲還加上「如何玩得簡單一點」、「如何玩得難一點」兩個變項，及「肢體與情緒練習」一個補充，讓每個遊戲都能適性設計，更寓教於樂**。

本身即有過動症的小張老師，有感一個人披荊斬棘的力量不足，且基於「因為被寵愛過，所以知道，得到的要再給出去，才會完整」的信念，創辦潛力種子兒童教育中心，致力於兒童潛能開發課程。現在這本《10 分鐘，玩出孩子專注力的潛能遊戲書》更能深入每個家庭，讓小張老師的用心與創意，陪伴父母與孩子一起成長。

親愛的父母，陪孩子專心地、全家一起遊戲吧！

推薦序 3

創造自己與孩子的遊戲故事

王湘妤
資深幼教園長

如果上網用「親子教養」或是「潛能開發」這些關鍵字進行搜尋，不到幾秒鐘，我們立刻會得到成千上萬筆的資料，這個現象大致可以說明兩件事：一是現代的父母親們，對於這個議題有著龐大的需求；於是出現第二的結果，就是這樣的文章或書籍應運而生，有從理論出發的專家學者，也有累積經驗接地氣的部落客媽媽。但也就因爲教養與開發充滿了許多的挑戰與變數，以至於這樣的書籍不斷地出版，爲不同困擾與需求的家長們提供了豐富多元的資訊。**手上的這本書，就是另一個非常實用且理論實務兼具的工具，且讓我跟大家分享一下我的觀察與看見**。

回歸家庭，幫助孩子內建必須的技能

首先，引起我注意的是作者的背景，小張老師是個兒童治療師，現在也自己開辦兒童教育中心，我想，幫助更多像她一樣的孩子得到更好的引導與對待，應該也是她重要的使命吧！**尤其以她自己是過動兒的成長經歷，相信會帶給讀者更多的信心**。已經翻轉人生的她，願意回到臺灣從最基層的兒童教育開始做起，讓我很感動與敬佩她的這一份用心。

小張老師取得哈佛醫學院附設麻州總醫院的物理治療碩士，但是在書中以非常親近易懂的文字，讓讀者可以清楚地掌握關鍵的概念，每個孩子都需要潛能開發嗎？孩子究竟是專注力不足，還是能力不足？這些提問引導讀者們好好思考許多問題的核心，而不是隨波逐流的跟著人云亦云的

教養術語舞動。我特別欣賞小張老師不斷強調與主張的：回歸家庭，幫助孩子內建必須的技能，這與我長期以來強調，家庭是孩子發展的最重要基礎不謀而合。

十大常見教養問題，讓家長更了解孩子

再來說說書中非常實用的單元，一開始便提出十大常見的教養問題，光是這十大問題，就讓我閱讀之後停不下來，這些問題我想是小張老師長期在教學現場與無數家庭互動之後，整理出來的精華，不僅點出問題，更精采的是小張老師提供的解決方案以及貼心的小提醒，若不是有豐富的實務經驗，是寫不出這些細節的！也許讀者們會發現，讀完前面十大教養問題的章節，可能已經有很多問題迎刃而解啦！

最後讓我心有戚戚焉的，便是**小張老師選用的桌遊，都是非常經典且適合兒童階段的好工具，這些遊戲本身設計就充滿趣味，深受孩子的喜愛**，小張老師透過拆解規則，增加難度、延伸運用，以及與生活中的其他物品結合運用等手法，讓遊戲的變化增加，並且能夠適合不同需求的孩子，看得出來這些都是在平時與孩子的互動中累積出來的成果，圖文並茂的呈現，可以讓讀者一目了然，迅速的上手。

如果您也是個遊戲學習的擁護者，或者您也正想著如何讓孩子在遊戲中發展能力，建立各種技巧，這本書，應該是您的良伴，期待更多的大人們透過這本書的啓發，也能創造出自己與孩子的遊戲故事！！

為臺灣的未來埋下潛力種子 用愛與尊重來灌溉

常聽人家說「贏在起跑點」、「三歲定終生」，很多爸媽在孕期便開始思考，要提供什麼樣的教育選項給寶貝；坊間經常聽到有出生就要去登記排隊的學校單位，大家都希望提供孩子最好的教育，深怕孩子錯過大腦發展黃金期，輸在起跑點，所以各項才藝課的收授年齡也越來越小。

揠苗助長的填鴨學習行之有年，當大家漸漸忽略親子時光與陪伴的同時，來了一場令人措手不及的疫情。疫情的阻撓，讓家庭生活再度在孩子的生活中扮演起重要的學習角色。**「家是孩子的第一個學習場所，父母是孩子的第一個老師」**，無奈並不是每個家長都天生就會逗弄小孩，跟小孩一起玩，面對不太會講、聽不太懂、對指令更是一知半解的孩子們，爸爸媽媽有點不得其門而入。隨著相處的時間增加，身教與言教對孩子的影響也就越來越大！**這個因為疫情帶來的「家庭關係」衝擊**，便成了大家都需要面對的課題。

在美國生活的那段日子，美國孩子的多元性與獨立性令我感到驚訝；同學們的創造力與求知慾是我所不及的！家長對孩子的教育與教養，建立在愛與尊重上；老師對學生的教學與引導，建立在操作與討論上。如何透過有趣的實作過程，引起孩子的學習動機，保留孩子的原創性，鼓勵孩子的想像力，給孩子一個自我實踐的機會，確實了解自己的長處，進而作出負責任的選擇，爲社會貢獻一己之力。

臺灣的孩子欠缺的就是這一份對想像的執著，以及**對每個獨立個體**

的同理。看了美國孩子的教育環境及探索過程，希望將美國的教育長處成功移轉，因地制宜、兼容並蓄，默默許下了要開創一個臺灣的孩子們可以熱愛學習、快樂成長的環境，而有了「潛力種子兒童教育中心」的誕生。不論是教養問題、各種發展疑慮，甚至是如何培養孩子興趣、發現孩子專長、營造幸福的親子關係等相關問題，都是中心專業把關的服務項目，提供最有趣、最好玩的遊戲，陪孩子遊戲；爲家長解答。

「適性發展」不能是口號，說穿了其實是**在明確的社會框架中，讓孩子們在不影響他人的情形下，自由的探索與發揮**，了解自己的興趣與長處，發現社會的問題與需求，找出解決問題的方法。情境與結構化的遊戲之所以重要，是希望透過遊戲，讓孩子體察原來遊戲要好玩，要能夠大家一起玩，並需要一起遵守規則；原來**遵守規則不是只有限制**，而是讓大家都能夠玩到更多次；**原來「我」不影響別人就是一種遵守規則的表現**；原來遵守規則是一件如此輕易的事！

很幸運地，我創造了這個很棒的成長環境，秉著「因爲被寵愛過，所以知道，得到的要再給出去，才會完整」的心，考量中心可以容納的學生人數受限；可以支持的家庭也有地域上的限制，在希望更多人能夠提供孩子開心的遊戲經驗，養成積極主動的學習習慣，因此有了這本遊戲書的誕生。希望讓更多家長能夠更輕鬆的面對孩子的遊戲與教養，如同播種般，爲臺灣的未來埋下一顆顆潛力種子，用愛與尊重予以灌溉。

PART 1
孩子教養與潛能開發

CHAPTER

1

潛能開發 是每個孩子必要的嗎？

「家」是孩子的第一間潛能開發教室，「家長」則是孩子的第一個老師。即使懷孕期間有去上媽媽教室、讀過坊間各式的教養書籍、討教過五花八門的育兒經驗，父母難免會有「怎麼在別的孩子身上看起來有用的方法，到了我們家都不管用？！」的困惑，**因為每個孩子都是獨一無二的個體，每對新手父母都必須從零開始**。我們多半是靠著自身的成長背景與經驗，經歷漫長的摸索與磨合，找到親子間的默契。

但惱人的嘗試與忙碌的工作，容易讓人失去耐性，對於孩子的善變與不解，也讓人經常在睡前自責「應該可以做得更好」。為了讓家長更享受育兒生活，為了讓孩子擁有更多快樂成長的機會，我們跳脫醫院的舒適圈，希望提供一般家庭合適的教養建議與兒童發展知識。

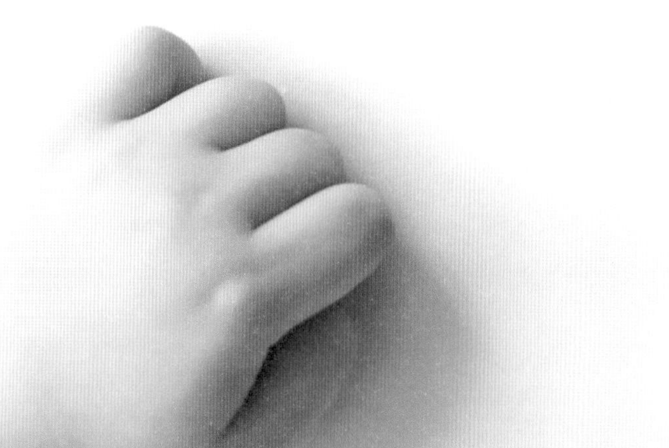

我們設計適齡的遊戲給孩子，並提供適切的教養方針給家長。透過說明與引導，創造「與生活情境」做連結的遊戲，讓孩子對於生活周遭的人、事、物充滿好奇，以「同理心」融入角色；以「責任感」完成任務，藉由任務完成與關卡破解，激發孩子不同的潛能。陪伴每一對親子嘗試多元、多變的遊戲方式，讓陪玩變得輕鬆又愜意，讓遊戲變得豐富又有趣，並且將遵守規則的需求，加諸於歡樂的遊戲氛圍中，無形中累積了孩子遵守規則的經驗，進一步帶入家中的教養規矩，讓家長能夠更順利的引導孩子適應未來的社會規範。

感覺與知覺發展，受家庭影響最大

隨著少子化的社會結構日益形成，家長對於寶貝的關注更甚以往，將所有的心力都投注在孩子身上，因此「三歲定終生」、「潛能開發」、「感覺統合」……相關詞彙對家長來說並不陌生。「感覺」與「知覺」是孩子認識世界的開端，先「感覺」再連結大腦裡過去的生活經驗，接著被賦予一個意義，然後產生知覺，並且將其記錄在大腦中。**感覺與知覺其實是孩子發展認知及社交能力非常重要的兩個部分**，而最基本的感覺與知覺就是來自家庭的遊戲陪伴與語言互動。

過度單調的生活刺激，容易讓孩子呈現原始狀態。匱乏的詞彙、誤解的語意、失控的表達，致使孩子無法與他人共處。隨著年紀的增長，孩子與人接觸的機會增加，學習的方式也漸漸由觸覺及視覺共同主導，並在進入團體後加入聽覺學習的整合，家長對於學習的關注也就從「全腦發展」進入「專注力」時代。

孩子是專注力不足，還是能力不足？

倘若全腦開發屬先備功能，那麼專注力就要算附加功能了。家長總是將孩子的行爲問題，歸咎於「專注力不好」，希望透過各種不同的潛能開發課程，改善孩子的專注力，殊不知要找回孩子的專注力，首先要分辨是「能力不足」還是「專注力不足」，接著需要發掘孩子的興趣，透過孩子有興趣的元素，慢慢找回失傳已久的專注力。

因此，**「家」是孩子的第一個專注力訓練站**，由家長陪伴、說明、引導、示範，找到一起玩、不發呆的共同專注力。藉由「聽懂規則說明、看懂遊戲示範、一起遵守規則、面對遊戲成敗、一起抒發輸贏帶來的情緒」，讓孩子透過觀察成人在遊戲中的作法，嘗試模仿與討論不同的應對方式，進而找到適切的情緒行爲表現。當孩子獨自面對不確定的外在環境時，較容易做出合宜的回應，因此家庭桌遊遊戲就是示範「情緒教育」最完美的時機。

透過遊戲，跟孩子一起學習情緒調解

疫情期間，我們只能透過視訊電話跟孩子喊話，利用過去歡樂的遊戲記憶，創造一段專屬疫情的「在家任務」，與孩子約定待疫情退去後，再兌換任務獎勵。這樣的過程，讓我們覺得除了實體課程，我們還能提供簡單又多樣的遊戲玩法與育兒話術，並且加入遊戲過程的情緒調解，或許能夠減輕家長經營家庭氛圍的負擔，因此有了這本書的誕生！

「情緒本身沒有對錯」，每個人都會有情緒，只是表達的方式不同。成人能夠以不影響他人的方式，抒發自己的情緒；而孩子們因爲表達能力尚未成熟，故容易因爲自己的情緒影響他人，而需要被提醒或糾正。情緒既抽象又難懂，讓孩子透過不同的遊戲經驗與結果，在不同的情境中，正確的理解不同的情緒形容詞，正視並表達自己的感受，讓周遭的人了解自己的現況。透過每次的討論與演練，陪著孩子一起「好好處理負面情緒，自信回應正向表現」。

回歸家庭，幫孩子內建成功必備技能

當孩子學會好好生氣、慢慢冷靜；享受讚美、勇敢表現，我們也才能安心地放手讓孩子們逐漸練習獨立。「家」就好比是獨立過程中的防毒軟體，遇到問題無法解決就像是「缺少應對程式」，讓孩子安心的回到原廠保養，設定新的解題程式碼，幫孩子內建成功必備功能——「接納意見的彈性」、「面對問題的勇氣」與「解決問題的能力」。

必要的生活經驗累積就是孩子們 6 歲前的競爭本錢，累積越多的生活經驗，也就累積了越多的學習潛能。進入小學的學科學習前，能夠擁有多少生活連結，能夠開創多少學習創意，都牽動著正式認知學習的動機與興趣高低。因此，與其說潛能開發是孩子必備的超前學習，不如說生活經驗是孩子認知學習的基礎與根本。而「家」便是最完善又安全的實習環境，不論是體驗生活，或是解決問題，都能有充足的機會與溫暖的包容，讓孩子在挫折與成功的輪替中逐漸茁壯。

CHAPTER

2

十大常見 教養問題

大家都希望能夠教出彬彬有禮、伶俐乖巧的寶貝們，因此教養書上寫的方式無不照做，努力之餘卻也總是懊惱為何成效不彰？其實，**孩子們知道的行為規範與教養規則，從來就不是他們「聽到」家長怎麼說，而是「看到」家長怎麼做**，這也是為什麼民間流傳著「身教重於言教」的說法。

其實，想要養成良好的家庭文化及行為教養，家長只需要把握下列 4 個原則：1. 明確的說出孩子的願望及連結的情緒。2. 對話式的討論，適時擷取孩子的注意力。3. 提供合適的選項，讓孩子為選擇負責。4. 陪孩子一起面對事件的自然後果。不同年紀的行為問題，都能透過上述四步驟，陪著孩子做出有效的思考與討論。

這個章節列出 10 個家長最煩惱、最常詢問老師的教養問題，由小張老師根據孩子的行為動機與背後需求分析，並為家長提出解決方案與示範小劇場，讓家長能更了解自己的孩子，並針對需求作出最有效的解決辦法。

不要不要與不可以大戰

孩子兩歲了，這個也不要，那個也不要！以前都不會這樣，現在只要不順他的意就大哭！如果一直順他的意，又擔心寵壞孩子，到底該怎麼辦才好？

小張老師來解答

學習動機與好奇心

行動能力逐漸成熟的寶貝，逐漸成爲好奇寶寶，這個也想摸，那個也想碰；在家中處處潛藏著危機的情況下，爸媽說出「不可以」的機會大增，寶貝被拒絕時難免會有情緒，甚至越說越故意。

兩歲之後，因爲認知及語言快速發展，孩子不再像嬰兒時期那般「順從」，開始有很多自己的想法，自我概念正在形成。所以，當你的孩子開始「不要不要」，先且慢崩潰，那意味著他長大囉！

「不要不要」是在不要什麼？

當你發現孩子正値這個階段，代表他的「不要」大多時候只是爲反對而反對。

這時候家長們需要開始調整與孩子的說話方式。

從原本詢問孩子「要不要」，例如：「要不要去洗澡？」、「要不要收玩具？」

試著把句子調整爲：「你要帶鴨鴨還是車車去洗澡呢？」、「我們一起收玩具，然後吃水果吧！」利用孩子願意、想要、喜歡做的事情，引導孩子去做相對比較不喜歡卻「需要」做的事情。

不過，當孩子的「不要不要」，再加上有事沒事的胡亂哭鬧，又該怎麼辦呢？想要快速度過這個可怕的階段，有幾個原則需要家長們堅持。（是的！黑暗將會過去的，但速度取決於家長是否能守住這些原則喔！）

1. 當孩子哭鬧時，理解並說出孩子的需求

例如：「我知道你現在想去公園。」讓孩子知道父母是了解自己需求的，不需要以哭鬧的方式獲得關注。

2. 避免責罵及沒有必要的碎念

例如：「安靜！你再哭，警察就要來囉！」事實是，警察不會因為他哭鬧就來！對孩子來說，這句話背後的意義是：爸爸媽媽不知道我想要做什麼，也不想要幫我想辦法。只有一昧恐嚇，孩子只會哭得更大聲。

3. 在同理、安撫孩子後，提供他們明確的選擇題

例如：「趕快穿好鞋去公園，還是要在家裡？」或者：「跟妹妹一起玩，一人一個，還是媽媽收起來？」讓孩子知道，父母了解他們的需求，並且可以提供他們解決問題的辦法，但自己得為自己的選擇負責。

4. 給了孩子選擇的機會，記得予以尊重，也要確實做到

當父母給予選擇題時，記得務必確認可行性！當孩子做了選擇，父母也確實做到，孩子才會相信「用說的」、「用選的」真的可以解決問題，不需要用哭的來達到自己的目的。

孩子到底要什麼？

面對具備表達能力的孩子，想要解決無限跳針的不要不要，除了為反對而反對的提供選項外，確實教導孩子表達需求便是第二項作業。

1. 臆測孩子當下的需求

當孩子下意識的直接回答「我不要」，勢必有當下他更想要做的事。此時，家長可以說「我知道你現在不想洗澡，請問你還要玩對嗎？」

2. 引導孩子說出自己的需求

當你確實猜到孩子心中所想，不妨當個好人，告訴孩子：「我知道你還想玩，請你跟我說『要玩』。」

3. 表達需求後予以讓步

當孩子願意說出需求，大人不妨提供一點規則上的彈性。如：「我有聽到你還想玩喔！那再玩一下，等計時器嗶嗶嗶的時候洗澡可以嗎？洗好我們一起玩。」

4. 說到做到，速戰速決

當你願意提供彈性時間讓孩子繼續原本想做的事情，獲得「好」的回答並不難。當計時器嗶嗶嗶響起時，孩子們難免耍賴，此時，要請你說到做到。孩子或許仍會有哭鬧，但要強制執行本來承諾好的事，可以邊抱著孩子去洗澡邊說：「我知道你還想玩，我們趕快洗洗出去玩。」當孩子們聽到家長理解自己的「想要」時，通常情緒強度都已經下降一半，此時速戰速決，讓孩子們知道可以趕快再回到想做的事情中，自然對於「說」會比較容易有好印象。而聰明如你，則千萬要把握難得的機會，在情緒平復後告訴他：「你看！你有說你『還要玩』就可以再玩一下，然後趕快洗好，就可以繼續玩，對嗎？」幫孩子建立一次成功的需求表達經驗！足夠的成功經驗，才有機會讓「用說的」成為習慣喔！

示範小劇場

「坐好看電視，不要跑去電視前面，不然我要把佩佩豬關掉了。」

劇本一 →孩子跑離椅子，但是電視依舊沒有被關掉，那他為什麼要聽你的乖乖坐好呢？

劇本二 →孩子跑走了，電視被關掉了，孩子開始哭鬧「不要不要」，於是電視又被打開了。孩子就會理解為，不聽父母提示沒關係，哭就有用了！

劇本三 →孩子跑走了，電視被關掉，孩子開始哭鬧，父母說：「你還想看電視嗎？我們剛剛有說，離電視太近眼睛會受傷。如果沒有好好坐在椅子上，眼睛就要休息囉！請問你現在是要看還是要玩？」

劇本四 →承接劇本三，如果孩子告訴你，「要玩！」那你就拿起遙控器告訴孩子：「好喔！那就先跑跑玩，讓眼睛休息一下。」當一切又回到「不要不要」時，我們就再從頭演一次劇本三。

貼心小提醒

我們前面有提到，這個年紀的孩子在發展自我概念，會有很多自己想做、想要自己完成的事情！記得收起過多的「不行」、「不要」、「不可以」。

孩子開始察覺自己有能力完成家事或自我照顧的任務，也會想要參與日常生活瑣事，與其告訴他們「不行！水會打翻」，不如告訴他們「好呀！那要小心不要弄倒喔！」倘若真的有打翻，也且慢氣急敗壞，就帶著孩子一起擦乾淨。讓孩子知道，遇到問題不用害怕，請人協助、一起想辦法。

孩子長大了，可以讓他們試著照顧自己、協助家務，但同時也代表他們需要負責任，所以讓孩子們參與收拾殘局的部分，是挫折忍受能力的累積，更是爲自己行爲負責的展現。

除了自我意識的生成與意見的表達外，不妨讓孩子試試洗米、擦地板、自己洗澡搓泡泡……等自我實現和自我照顧的過程，不但能夠有效避免爲反對而反對的親子衝突，更能讓孩子的動作經驗、認知發展及生活參與感都一起大躍進喔！

老師，請問要怎麼戒尿布？

家中長輩總是說：「羞羞臉，這麼大了還在包尿布！」但大家又都說不要太早戒，不然很容易造成陰影。請問到底什麼時候可以開始練習呢？又要如何進行呢？

小張老師來解答

什麼時候開始戒尿布，其實沒有標準答案

孩子在一歲半到兩歲時，尿道及肛門肌肉發育漸趨健全，開始可以感覺到便意，排尿及排便也開始有規律地進行。伴隨孩子的語言發展，孩子開始可以用表情、聲音及語言來表達「如廁中～請勿打擾」。

兩歲到四歲的孩子，因爲肌肉力量的進步，以及動作經驗的累積，開始可以在如廁過程中，自己穿脫衣物及清潔，這時候進行如廁訓練會較快上手。

進行如廁訓練時，除了需要上述的生理成熟外，熟悉的如廁環境也是一大影響因素。例如，方便自己上下的小馬桶，自己喜歡的如廁環境和孩子們最喜歡的沖馬桶及抽衛生紙。

當然，要在孩子心情愉悅、父母也心情放鬆的狀態下練習，過於緊張的氣氛是會讓孩子抗拒的。

兩歲前的孩子，在陪玩的過程中，我們需要給予大量的解說，這個過程對孩子的語言理解有很大的幫助。解說的內容可以是物品介紹、環境介紹，也可以是引導孩子觀察自己現在正在做的事情，詳述每個步驟。

若在兩歲前可以有多元的引導與認識，通常在孩子兩歲半的時候，就可以很順利的開始如廁練習。

練習戒尿布，分為兩個階段

第一階段：讓孩子熟悉尿尿這件事及排泄物置放的環境

1. 先讓孩子換穿拉拉褲，方便孩子自己穿脫。
2. 媽媽去廁所時，邀請寶貝一起去。
3. 讓孩子坐在小馬桶或大馬桶都可以。

有些孩子對於大馬桶的不安全感較重，會害怕自己掉到洞洞裡，這時候準備一個孩子喜歡的小馬桶就很重要喔！

4. 沒有真的尿出來沒關係！目的是讓孩子熟悉尿尿這件事，熟悉尿尿的環境。
5. 上完廁所寶貝們可以自己擦擦，再自己沖馬桶。切記！要等孩子從馬桶下來並站好，再邀請他們自己沖水。切勿在孩子還坐在馬桶座上就沖水，一來孩子們很容易害怕「大聲的沖水聲」，二來因爲曾經看過排泄物在沖水後不見，而誤會自己會跟排泄物一樣被沖走。

6. 即便無法成功坐在馬桶尿尿或是便便，都建議在換完尿布後，將尿布帶至廁所丟棄，讓孩子們瞭解排泄物的去處，逐漸奠定去廁所上廁所的認知。

孩子們能夠參與的步驟越多，他們就越容易喜歡上坐馬桶的感覺，記得要配合解說喔！

第二階段：練習只在馬桶尿尿

1. 當孩子可以成功坐在馬桶上尿尿，就可以開始定時帶他去廁所了。從 30 分鐘開始，再漸漸拉長到一小時。孩子成功時，要給予大大的獎勵。
2. 繼續穿著拉拉褲很重要！即使孩子能夠成功在馬桶尿尿，仍會建議繼續穿著拉拉褲一段時間，當孩子在玩到忘記或是不小心尿下去時，才不會感到挫折；若孩子不抗拒穿學習褲，爸媽就可以開始物色可愛的學習褲囉！（建議從六層紗學習褲開始，才不會每天都在擦地板。）
3. 可愛學習褲也是孩子坐馬桶的動力之一，早上起床選件自己喜歡的內褲，就可以爲孩子開啓美好的一天喔！

在這個階段有件很重要的事：切記！當孩子不小心尿溼時，不要有過大的反應，例如：「你又尿下去」、「你爲什麼沒有跟媽媽說」、「你又玩到忘記了」，這些反應會讓孩子對於戒尿布這件事情反感，會感受到排斥、不喜歡；爸媽可以這麼說：「沒關係，擦乾淨就好，我們去換一件新褲褲吧！」

第三階段：練習自己表達「想尿尿」

1. 隨機把「邀請去尿尿」的時間拉長至兩個小時，觀察孩子是否能自己開口「我想尿尿」。（小提醒：當孩子正在開心玩耍或要出門時，記得要主動帶他去廁所喔！）
2. 當孩子能夠確實判斷自己是否「想尿尿」的同時，也表示孩子會有因爲「想玩」而不想「現在去尿尿」的階段。所以別忘了大約兩小時，口頭提醒孩子

「上完廁所再回來玩」，若孩子堅持不願意去廁所，那就讓他尿溼褲子一次吧！接著讓孩子一起參與更換衣物和善後的過程，並且一邊說明：「你剛剛想先玩結果尿下去，是不是要等好久才能再玩？要換褲褲、擦地板，好久對嗎？下次先去尿，就可以趕快回來玩喔！」

機會教育是為了下次的加深印象做準備！下次遇到同樣情況，就可以提醒他「上次沒有上廁所，結果尿褲子反而整理好久，記得嗎？我們現在一起去，我陪你！」幫孩子回想起上次的經驗，比較容易引導孩子做出合適的決定。

貼心小提醒

1. 時間點的選擇

孩子的泌尿系統成熟的時間點是 3 歲，所以在進行如廁訓練時，千萬要記得，3 歲前可以成功戒尿布，是很幸運且值得感恩的一件事；倘若無法成功，也千萬不要責怪孩子，三歲時泌尿系統成熟、口語表達能力進步，自然會容易些。另外，戒尿布的時機通常會選擇夏天，不但容易找到合適的藉口，身體實際感受也相對舒服。家長可以用「夏天太熱了，我們穿褲褲就好」的理由，脫去悶熱的尿布，孩子們跑跳的同時也靈活許多；相反的，冬天時尿布的包覆感提供了一定的溫暖，尿溼後的冰涼與溼溽，很容易引起孩子的情緒。

2. 如果孩子在戒尿布的過程中，真的產生厭惡感怎麼辦？

先試著鼓勵看看，但如果孩子非常抗拒，就需要暫停計畫，過兩週再從第二階段重來一次。畢竟戒尿布的挫折，加上兩歲絕招「不要不要」，爸媽可能先投降了。

3. 家長的態度決定戒尿布的成功機率

在戒尿布的過程中，不適合有太多的挫折及責怪。成功的次數越多，孩子就越有成就感，意願就會越高，成功當然也就來得越快囉！

Q3 孩子吃飯慢吞吞，總是含飯怎麼辦？

我們家的孩子每次吃飯都像在打仗，不是吃得很慢，一口飯含在嘴裡很久，不願意吞下去；不然就是不肯吃飯，老是分心。雖然很想狠下心來，乾脆讓孩子餓一餐，但是又會擔心營養不夠，到底該怎麼辦呢？

小張老師來解答

口腔動作經驗與食物的搭配很重要

每個孩子的個性都不同，有的重吃、有的重睡、有的重玩。偏偏不重吃的孩子，每一口飯看似「彌足珍貴」，不是含在嘴裡，增加蛀牙風險，就是吃飯漫不經心，總是三催四請，動來動去。

孩子含飯其實有很多原因，可以先看食物是否符合孩子的口腔動作發展年齡。例如：2 歲的孩子，若平時主食仍以粥爲主，則吃乾飯或麵包時，就會因爲不習慣咀嚼，而含在嘴裡；抑或是 1 歲的孩子，主食直接由泥狀物改爲乾飯，則咀嚼經驗不夠的寶貝們，自然就會以含飯的方式，軟化食物，以利吞嚥。以下提供幾種方式調整孩子的飲食習慣，並符合口腔發展進程：

1. 漸進式的調整孩子的食物

從泥狀物、十倍粥，漸漸調整成五倍粥、軟乾飯，對孩子來說，這是一個慢慢練習咀嚼及吞嚥的過程。

2. 先搭配甜味較重的配菜

配菜也是一個需要考量的部分，使用甜味明顯的配菜，可以提高孩子的接受度。例如：地瓜、絲瓜、高麗菜等。而菜味較重的配菜可以先稍等，例如：A 菜、菠菜等。

3. 肉類在烹煮時，可以加入簡單的調味

簡單調味過的肉類，可以減少腥味。例如：簡單地加入鹽巴、蒜頭、薑或一點點醬油就可以了！另外，肉的質地也需要考慮，魚肉的質地較細，較容易混入白飯中。

4. 注意用餐時的精神狀況及正餐前後的點心時間

這些細節，都會影響孩子的用餐狀態。這是家長可以做的調整，不餓、想睡覺、剛睡醒等因素，都會影響到孩子的進食狀況；不重吃的孩子，切忌飯前一小時提供點心，或是擔心小孩沒吃飽而在飯後補充奶量；重睡的寶貝，則是要先睡飽，其餘做什麼都順喔！

擁有大小餐的彈性

孩子吃飯坐不住？總是吃三口就爬起來？當孩子總是只吃三口，我們就練習讓他吃四口再起來。當孩子身體開始扭動不安，告訴孩子：「你想起來了是嗎？那再吃一口，我們起來。」

1. 運用「最後一口」模式，讓孩子逐漸延長持續度

當孩子開始失去耐心時，就是他們的持續時間結束了，透過「最後一口」的方式，逐漸改變孩子的習慣，從「三口」變「五口」，甚至「吃完」。

2. 提供孩子大小餐的彈性

就連大人也會有沒有胃口、吃不下飯的時候，所以孩子有時沒有胃口吃飯也是可以理解的。以營養價值來說，菜、肉的營養價值較澱粉高。倘若孩子剛好沒什麼胃口，不妨請孩子將菜和肉吃完，主食不用吃，畢竟飽足感可以透過其他水果、奶量補足，但營養則需以食物的多元性為主喔！

試著把孩子的食物分散，別讓孩子一看就覺得好多，無法完成。降低視覺難度，將孩子平常可以完成的量放置在他的碗中，讓孩子有「我自己吃完了」的機會，剩餘的量則放置於另一個大人餵食的碗內，順其自然的進食，吃多少算多少，讓孩子擁有簡單的成就感，並且發現原來自己還可以吃更多。

3. 儘早提供餐具把玩

孩子在 10 ～ 12 個月大時，口腔及雙手的控制相對穩定很多，此時的他們探索慾望強烈，可以試著給他們一個屬於自己的湯匙及碗，自己餵食或把玩，這樣可以讓孩子對使用餐具有更多的動機與經驗。「媽媽一口，妹妹一口」感受吃飯的樂趣，一邊遊戲的過程中，孩子可以安穩在餐椅上的進食時間就拉長了。

孩子不會讓自己挨餓

很多家長擔心挑食的問題，例如：只吃高麗菜、只吃魚、只吃肉，也會擔心孩子們吃的量夠嗎？看起來這麼少，有吃飽嗎？夠營養嗎？

其實，孩子的胃就是一顆成人拳頭大小，各餐所需飯菜量，也就是一顆拳頭大小就夠了，並沒有爸媽以爲的那麼多。通常 1.5 至 2 歲的孩子會有一段時間突然不喜歡吃飯，原因是 1 歲以前，他們的餐點總是被「攪和」在一起，但卻眼睜睜看著大人可以以飯配菜，逐一將喜好的食物夾入碗中。這時，自我意識逐漸生成的孩子們，也會希望能夠將飯菜分開。此時，最容易改善進食狀況的方法，便是提供孩子們喜歡的餐盤、餐具，將飯、菜分開，就能大大提升進食的樂趣與動機。

而 2 至 3 歲的寶貝也會有一段不愛吃飯期，這次的原因是「爲什麼我都要先吃？」2 歲以後的寶貝對於「一起做事情」、「觀察別人」都有簡單的認識了，孩子也會希望能夠跟大人一起做所有事情，顯示自己已經長大了。此時，最佳辦法便成了全家一起吃飯喔！

全家一起吃飯的好處多多，先讓孩子享受一起吃飯的過程，因爲一起吃，自然需要孩子們獨立進食，進一步養成孩子「自己吃飯」的能力，再有技巧地慢慢加入一點點他「不喜歡的元素」如：餐桌禮儀、各類菜色等。請記得，當父母過於堅持吃飯的儀式，或訂定不符合年紀及能力的規則時，孩子們很容易出現反彈喔！

貼心小提醒

孩子的飲食問題與專注力培養一樣，先讓孩子覺得「喜歡」、「有愉悅感」、「有成就感」，再慢慢加入獨立進食、完整飯量的挑戰。

吃飯配平板、電視、手機是大忌，是需要盡可能避免的手段，不僅影響孩子的專注度，更增加了學會「自己吃飯」的困難度。

倘若希望減少對平板的依賴，可以試著先從「情境創造」開始改變孩子的行爲模式。例如：跟孩子說電視的休息時間到了；或者說平板沒電，需要休息充電，等吃飽飯應該就好了喔！之後再漸進式的調整成規則說明式的作法，同意孩子吃飯可以聽喜歡的音樂；甚至是直接說明流程：「趕快來吃飯囉！吃完飯我們要一起看卡通喔！」

希望爸媽有個觀念，凡是「挑戰孩子固有的習慣」、「嘗試沒吃過的東西」、「延長孩子坐在餐椅的時間」，一開始都會有點難，孩子會哭、會鬧，但爸爸媽媽務必堅定彼此的心，告訴自己這就是一個行爲改變的過程，也讓孩子知道，爸爸媽媽會陪他們一起渡過開心的用餐時間。

愛大聲尖叫、動手打人的孩子該怎麼教？

家中兩歲多的孩子常常鬧情緒，甚至動手打人，如果被制止或遇到不順心的事就會大聲尖叫，請問老師，這到底發生什麼事呢？又該怎麼教？

小張老師來解答

表達能力跟不上想法

兩歲開始，孩子的自我意識不斷高漲，這時他們的小腦袋裡的想法也會變多，開始想要自己掌控更多事情；當現實與想法有所衝突時，就容易出現情緒。

而大人有情緒時，可以透過口語，表達自己的不滿，但兩歲多孩子的口語能力，還不足以應付這些不順心，因此會用大哭、尖叫或打人的方式來表達自己的不滿。遇到這樣的情況，可以幫忙孩子把情緒跟想說的話「說出來」。例如：「你吃飽了，不想再吃了是嗎？那請你說『飽飽』，不用哭哭喔！」

這樣做一方面能讓孩子知道，「爸媽了解他們的感受」；另一方面，則是可以增加孩子表達「自我需求」的能力。

陪伴孩子認識情緒與練習表達

兩歲多的孩子，其實已經發展出所謂的「驕傲」情緒，但情緒相對於玩具、水果等物品，就顯得非常抽象，所以孩子們會較難理解。

出現所謂的「不舒服」感受時，孩子其實也搞不清楚發生什麼事，加上對於情緒處理的經驗比較少，只好用最直覺的打鬧或是尖叫來表達不滿。以下提供幾個方式，幫助孩子學習認識情緒，練習表達感受：

1. 利用繪本認識情緒

爸媽可以多利用繪本或故事書來帶領孩子認識情緒，讓孩子了解不同的情境，原來會有不同的感受。透過繪本故事，不僅可以讓孩子對事件的理解產生畫面，家長在陪讀時，也可以幫忙舉出小朋友曾經發生的例子。例如：讓孩子知道原來玩具被搶走的感覺是「生氣」；看到陌生人不想說話是「緊張」；想吃卻不能吃餅乾是「失望」。

2. 引導孩子說出關鍵字

爸媽也可以帶著孩子一起想想：如果發生這些事，或有了這些情緒，「可以怎麼說」呢？例如：當孩子的玩具被搶走因而氣得大叫，爸媽可以溫和地告訴孩子：「我知道你的玩具被搶走很生氣！請你跟對方說『還我！』不用哭哭或是打人喔！」

3. 簡化情緒表達的語句

當孩子在情緒的當下，家長千萬要記得降低自己的標準，過度要求只會讓孩子的情緒宣洩時間拉長。我們都希望孩子能夠「好好說話」解決問題，但情緒的當下，要能夠好好說話並不容易，這時會需要簡化解決問題的語句，例如：沒有情緒的時候，孩子可能會說「我想吃餅乾」，當孩子以哭鬧的方式索取餅乾時，可以對孩子說「我知道你好想吃餅乾，你說『餅乾』。」此時的簡化是爲了降低「主動表達」的難度，當孩子願意停下來說，也就表示他的情緒宣洩進入緩和的狀態，緊接著的後續教養或討論，才有被接受的機會。

他們也想吸引目光

有時候孩子的情緒可能來自於「想要獲得關注」的心態，家長過於忙碌、無效的喊叫模式、錯誤的關注誤導，都可能是原因。

請嘗試以下幾個分辨的步驟：

1. 確認孩子是否為了吸引目光

可以透過觀察孩子鬧情緒時，眼角餘光是否一直飄向大人，來確認孩子是否爲了目光而出現所謂的「故意行爲」。

2. 如果孩子在演戲，不理他也不見得會停止

當孩子自顧自的演戲，會需要你跟孩子做「核對」的過程。「核對」是爲了讓孩子知道大人理解他的需求，緊接著說的話，其實是在提供孩子「解決問題的方法」。被理解的核對過程，因爲孩子有聽到自身需求的關鍵字，情緒自然比較容易緩和。舉例：當孩子因爲想要再吃更多餅乾而哭鬧，可以這樣說：「你是因爲還想吃餅乾所以哭哭嗎？你可以跟我說『我還想吃！』我這裡還有喔！請問要吃嗎？」

3. 請提供孩子選擇的機會

當爸媽已經示範過同理後，請再加上後續的選項，讓孩子知道不用哭，也可以完成願望。例如：「請問你是想要哭哭還是想要玩？車車在這裡等你喔！等你哭好了，就可以玩了！請問哭好了嗎？」

貼心小提醒

看完這幾點，不難看出小小孩的情緒，其實是需要大人協助處理的，認識情緒、理解感受以及建立正確的情緒表達方式，都是孩子們需要學習的，在「Terrible two」這個難熬的時期，若能幫忙孩子建立好這些基礎對話與表達能力，未來面對「Horrible three」的時候，才能有更好的問題解決能力，不至於因爲精進的回嘴功能，導致身爲家長的你更崩潰喔！

公共場所的同儕衝突

在公園裡、遊戲區有時會遇到一些行爲失控的孩子。不僅無法教訓對方，還要犧牲孩子的歡樂時光，怕尷尬又想提醒對方父母卻不知道該怎麼做，心情好苦悶，到底該怎麼解決呢？

當孩子來告狀：他搶我東西、他推我或他打人……明明這些都是爸媽跟孩子說過的禁忌，卻不斷地發生在他身上而無法明確制止他人的時候，又該怎麼做呢？

小張老師來解答

先正視孩子的感受

遊戲場所的紛爭層出不窮，孩子遇到跟規則有所違背的行爲，難免出言相勸，倘若沒有獲得改進的回應，轉而向爸媽告狀，正是孩子們向你求救的警訊。此時，你需要肯定他的規則理解無誤，再帶著他一起跟違規的一方對話。倘若沒有適時的回應，當孩子們發現「好言相勸」總是無法奏效，便會轉而選擇其他較爲直接的應對方式，例如：出手搶奪或是大哭獲得關注。

1. 別急著為孩子解決問題

此時就是孩子練習解決「同儕衝突」的好時機，先同理孩子的情緒，並客觀地敘述發生的事件。例如：「我看到他剛剛推到你了，是這樣嗎？」

2. 問問孩子，他覺得該怎麼做

這也是個可以鼓勵孩子勇敢爲自己發聲，確切地表達出自己不舒服的機會，也能試著使用中性的詞語，解釋其他小孩的失控行爲，孩子會從中學習到爸媽的智慧。

3. 引導孩子說出自身感受，理解不同的情緒形容詞

畢竟孩子仍不成熟，對於情緒的分辨仍在學習的過程。這時也能藉此機會引導孩子，陪伴他學習正面的面對衝突，並且勇敢向對方說出不好的感受。如：「我不喜歡你這樣推我！」

4. 引導孩子了解對方的意圖，而不是一味地指責

對方或許不一定受教，但勇於將自身感受說出後，我們可以再透過機會教育，加強「他可能太急了，所以不小心碰到你，爲了避免造成別人的不舒服，我們也要小心」的觀念。

對方父母又該怎麼溝通

大多數的父母通常都會擔心自己的孩子影響到別人，但也有少部分的父母只在意自己孩子的情緒起伏。如果遇到跟自己教養觀念不符的對方家長，提供以下幾點溝通法則，希望能減少因有了情緒而失焦的衝突：

1. 正面溝通而非忽略

藉由正向且理智的溝通，讓彼此快速瞭解發生了什麼事，並且同時處理或安撫各自的孩子，而不是選擇忽略或假裝沒事，這樣才是對雙方都好的方式。

2. 對事不對人

在跟對方家長說明時，請盡量聚焦「具體的」行爲本身，而非針對小孩的遊戲方式提出批評指教，也盡量不要使用帶有情緒性的字眼或讓對方感到被教訓的說法。

3. 善用三明治溝通法

三明治溝通法：正向敘述、指出問題、解決建議及正向敘述

- 正向開頭：孩子他們一起玩溜滑梯很開心。
- 指出問題：但是剛剛孩子也許太興奮，推擠到 OO，讓他有點不太舒服。
- 解決建議與正向敘述：如果在遊戲時，大家都多注意一些，相信孩子都能夠相處得更愉快喔！

貼心小提醒

當成人之間的溝通少些指責情緒，多點建設性語言，同時體諒家家都有不同的教養規則及期待，柔性的溝通方式，相信大多數父母都能理性地回應的！

公共場所的同儕衝突，其實是很好的人際互動機會教育，請先不要拉高先入爲主的「護子心切」，降低偶包纏身的「面子問題」，爭執的產生對雙方都是很好的互動教材，試著陪伴孩子一起勇敢的對話，一起開心的遊戲，讓孩子們瞭解世界並非「唯我獨尊」，回到可以爲所欲爲的家中，也有助於降低孩子的霸王作風喔！

孩子在家吵個不停，在學校卻都不說話？

老師說孩子在學校很少開口說話，請家長觀察一下在家的情況，但讓人納悶的是，這個孩子在家明明就像隻麻雀一樣，根本停不下來，作風更像個小霸王，怎麼在學校瞬間變成默劇主角？爲什麼一個孩子會有兩種性格呢？

預期心理

家是孩子的第一個學習場所，當學習的環境從家庭轉換到學校，學習的「人、事、時間、地點、內容」都有了顯著的改變，陪伴他學習的不再是叨叨念念的你，而是帶了點競爭意味的同學；學習的事項多了一些變化，不再有人親身示範；學習的時間多了點限制，不再有我想做再做的彈性；學習的地點有了改變，多了其他眼睛的關注，讓我渾身不自在；學習的內容多樣之餘，卻帶了點壓力，因為沒做過而害怕失敗，上述情形，孩子們需要一定的時間適應，倘若家長可以提供一定程度的預告，孩子們在眼前事物能夠符合預期的情況下，心裡也會比較篤定，如此一來，與人建立關係時間便可以大大縮短，也可以快速進入學習狀態。

1. 被拒絕了怎麼辦

「這個同學會聽我的嗎？老師會幫忙我？」孩子內心的小劇場已經上演幾百回了，萬一被拒絕那該怎麼辦？因為不想面對這種「尷尬」的情緒，讓孩子不想或不敢開口說話。

2. 孩子也會感覺到尷尬

兒童在 3 歲左右會發展出「尷尬」這個情緒，這時孩子們還不太知道這種感覺要怎麼說，只覺得很奇怪、不喜歡這樣的感覺，但你從日常生活中應該不難發現他們展現出小小尷尬的現場。

3. 孩子也有偶像包袱

之所以在學校比在家更害怕尷尬或被拒絕，是因為孩子熟悉家中的人與環境，即便被拒絕了也可以試試鬧個脾氣，看能不能逃出窘境，但在學校鬧脾氣就有點不好意思了。

互動經驗過少

成長的路上，是否有年齡相近的玩伴對孩子的人際發展非常重要。當他們聚在一起，自然地會發生各種不同的互動模式，他們會彼此觀察、合作甚至是爭執，這些互動機會，加上大人適當的介入，協助孩子面對、解決問題，便可從中累積良好的互動經驗。以下列出兩種可能缺乏的經驗：

1. 缺乏具臨場感的互動模式

大人往往會根據孩子的反應做出回應，如果孩子的互動對象一直都是大人，自然都會導向較好的結果，累積的互動真實感相較於與同儕互動，自然少了很多對話或表達自我的過程。當孩子常用的對話語句較少，將大幅降低孩子在學校使用這些語句的信心。

2. 缺乏唇槍舌劍的對話經驗

孩子間的互動不會永遠那麼順利，當遇到拒絕、不配合的情況，如果沒有成功解決的經驗，再碰到時，會下意識的逃避，進而產生不想說話、不想一起玩的狀況。當拒絕邀約出現第二次或第三次，朋友可能就不會再行邀約了。缺乏互動經驗的惡性循環，便成了孩子們的人際惡夢。

培養面對挫折與解決的能力

上述兩點都會衍生出一個問題：「我害怕失敗」。

「望子成龍、望女成鳳」的想法普遍存在於每位家長的心中，失敗彷彿是人生中的汙點。110 年國中會考作文題目《未成功的物品展覽會》，有考生交了白卷，原因竟是不知道什麼樣叫做失敗。光彩的背後凸顯了現在的孩子們，缺乏面對挫折與解決問題的能力。

當這個問題放在人際互動上，就變成什麼事都小心翼翼，不停的觀察，但始終不會有所行動。大家在跳舞時不敢動，因爲怕跳錯；玩具被搶走不敢說，因爲不知道怎麼辦；想上廁所不敢說，因爲怕被笑。

當孩子的生活中充滿了恐懼與懷疑，進而導致自信心低落，學習狀況將越來越糟。你可以跟著下面的步驟，試著將孩子的自信找回來：

1. 同理「需求」

孩子的苦，做父母的最清楚。在學校有好多話、好多委屈不敢說，只能回家討拍，使勁哭、使勁鬧。孩子做出這些反應的當下，父母可能還不清楚發生什麼事，可以先向老師詢問。如果清楚在學校的狀況，再試著與孩子談談：「今天在學校還好嗎？是不是同學不跟你玩，你覺得很難過但是不知道怎麼跟她說？」

直接破題並描述孩子的情緒，讓孩子知道還是有人理解他的，引導孩子試著把這些情緒說出來，這也是情緒處理的重要能力。

2. 討論實際方法

討拍之後還是要面對現實，跟孩子討論看看這些情況該如何處理，如果孩子出現天馬行空的想法，不用急著否定，先聽聽看他的解釋是什麼，討論的過程也是嘗試問題解決的一環喔！

「那同學說不跟你玩，我們還可以怎麼辦？跟他說我們玩別的嗎？還是跟他說等你有空時再找你玩呢？可是下課時間有限，我們可以再想想其他說法嗎？例如：這節課玩他想玩的鬼抓人，下節課再玩你想玩的跳繩跳格子？」

3. 情境演練

模擬可能會遇到的情境，目的是讓孩子先在腦海裡有畫面，真的遇到類似情況才不至於亂了陣腳。

「現在我們在學校，你想找我玩鬼抓人，但我不想跟你玩，那可以怎麼跟我說？」如果孩子忘記了，家長可以先幫孩子複習一遍，再請孩子跟著說出來。

4. 實際操作

實戰跟演練差異在於，孩子會緊張！如果孩子碰到了問題，但太過緊張而無法開口，這時需要家長做示範喔！「你有點緊張不敢說是嗎？那媽媽跟你一起說好嗎？」而家長也可以在孩子較為熟悉類似的情境對話後，飾演不同的回應方式，有時和善接受，有時強硬拒絕，有時推託婉拒，增加孩子們的「互動模式資料庫」內容，讓孩子在獲得不同的回應時，不會驚慌失措。

在此提供一個小技巧：尋找氣質較和善的小朋友來練習，得到回饋相對正向，當孩子慢慢的累積成功的經驗後，互動的技巧也會有所提升，慢慢的也會更有自信喔！

貼心小提醒

好的團體互動經驗可遇不可求，在孩子有足夠的互動經驗之前，不妨試著請容易掌控行爲的大人，提供不同的回應方式，讓孩子多看看不同的可能性，並且陪著孩子在公共場所，一同觀察他人的互動與行爲，讓孩子有較多的劇本與理解他人的不同行爲後，再搭配同儕互動機會。逐一建立不同情境與良好的互動模式，以利孩子進到學習環境中，能夠順利提取腦中早已建立的互動劇本資料庫，建立良好的人際關係。

Q7 在學校愛打小報告

好煩！耳根子就是無法清淨，兩個寶貝最愛整天互相告狀，這樣去上學，會不會沒朋友還是被討厭？萬一被搞小動作怎麼辦？

小張老師來解答

發展的正常階段

5 歲左右的孩子已經開始了解，生活中有許多規範需要遵守，因此當有人違反心中的規則時，出於確認的動機，孩子會採取向老師報告的方式，來確認事情是否正確。

但這個年紀的孩子尙無法分辨事情的輕重緩急，因此需要帶領孩子判斷違規的事實分屬哪一類：

1. 如果是「不小心」或經過提醒可以立即改正的，就沒必要報告。
2. 如果是「故意」且自己勸說無效的，或有危險性的，就需要找老師幫忙。

問題解決能力需要加強

家長在孩子們上學前，總會跟孩子說：「不知道怎麼辦的時候，可以找老師幫忙！」

但隨著孩子們的校園年資累積，總會累積一些孩子可以自行排解問題的經驗。如果大小事都等老師解決，一來可能無法立即解決問題，二來也可能引起人際誤會。以下提供兩個加強孩子問題解決能力的方法：

1. 與孩子討論解決問題的方法

孩子有可能因爲老師處理得太慢，或是不滿意處理的結果而回家抱怨。不妨透過機會，跟孩子討論事情的經過、對方的反應，以及他認爲的錯誤與正確的行爲；再跟孩子分享如果是你，在那個當下會說出什麼話，累積孩子面對不同情境時，可以使用的有效語句。不僅可以增加孩子遇到問題的應變能力，也可以幫助孩子解決問題。

2. 一起練習碰到問題可以怎麼做

討論的過程中，孩子與家長都可以提出各自的方法。先蒐集雙方的作法，再來演練這些方法的可行性，這時家長需要利用自身的生活經驗，預測孩子們在聽到不同的語句時，可能會有的回應，讓孩子能夠在情境中練習與同儕對話，進而解決問題。爾後，碰到類似問題時，能夠試著使用演練過的溝通方式。即使失敗了，都可以再回頭改變對話的情境，試試新的語句策略。

孩子認為這招很管用

孩子解決與理解問題的能力尚未成熟，過多的協助會讓孩子越來越依賴大人，缺乏獨自解決問題的經驗。再加上每次打小報告，大人都會出手相助，久而久之就會形成遇到問題先告狀的習慣，出現「反正只要大叫，大人就會處理」的理解。

如果遇到孩子又來打小報告，可以先詢問雙方當事人的意見。等了解雙方立場後，再反問孩子他覺得可以怎麼做？接著引導孩子練習跟對方說話，學習自己解決問題。

例如：請你跟弟弟說「玩具請還給我，我還在玩，等我玩好了再換你。」當孩子完成完整語句後，大人才會出手相救，幫忙向對方說明「這是他的，他還在玩，要請你先還他」，接著將物品取回後，向孩子說明因爲用清楚的語言表達，讓對方理解，所以問題就解決了，下次可以試試先直接跟對方說。

尋求認同的心理狀況

3 至 6 歲的孩子，正在尋求大量的「自我肯定」，因此他們可能會想透過「報告老師」來得到「對！你很棒！謝謝你跟我說」的正向回饋。下次若有遇到孩子來打小報告，也可以這麼做：

1. 確認孩子動機

透過對話，可以幫助我們瞭解孩子的動機，以及如何應對本次的投訴需求。例如：詢問孩子「你跟我說這件事，是希望我處罰他嗎？」透過不同的對話與引導，試著帶著孩子去思考獨自面對的當下，可以如何提醒他人，倘若他人不予理會，該行爲又是否會影響別人，如果會則需尋求協助。

2. 在沒有確認動機的情況下，切勿直接忽略

沒有經過跟孩子確認、核對的過程，就自己認爲：「他應該只是想要找關注吧？」此時，孩子可能會產生三種反應：其一，是覺得委屈，漸漸的不愛開口、失去自信；其二，是決定仿效，他這樣也沒人說不行，那我應該也可以吧？最後，是決定找其他更激進或更鮮明的方式吸引關注或認同。

貼心小提醒

當孩子具備良好的仿說與對話能力時，面對同儕、手足相處問題，成人的角色將由「主導者」改爲「協調者」。大人應試著引導「和平的協商」，居中重複並解釋雙方的語言，讓另一方能夠正確地理解對方的意圖。

引導雙方同時在大人面前對話，而非雙方單獨來找大人告狀，試著讓雙方在公證人面前「自我表述」，接著進行辯論、說服、與協調。

孩子們的語言較爲片段，需要大人用精準的詞彙，幫忙完整語句邏輯。不論是「才不是這樣……是怎樣怎樣」、「我才不要原諒他，他每次都這樣」；還是「我要他幫我怎樣怎樣，我才要借他」等條件，都是珍貴的協商過程，而這樣的過程，不但能夠累積孩子們的語句策略，試著以「說服他人」解決問題，而非蠻橫哭鬧、任性待人，還能夠讓孩子累積正向的互動經驗。

好好排隊到底有多難？

究竟孩子的小腦袋瓜在想什麼？爲什麼連排隊都會這麼困難呢？尤其是在公共場所大聲說出「爲什麼要等這麼久？」的時候，我都恨不得有個地洞可以鑽進去！

小張老師來解答

是不懂還是故意？

總是等不及、常常被同學說愛插隊的孩子，其實有的時候，他們不一定是故意的喔！在進入學校這個大團體前，孩子需要充分理解排隊該注意的細節，以及需要排隊的原因，才能減少孩子在團體中排隊會出現的脫序行爲，避免與同學產生衝突。

關於排隊，那些容易被忽略的幼時經驗

排隊之所以這麼難是因爲需要「耐心的等待」，孩子第一次練習等待就是嬰兒時期的「延遲滿足」，回想一下，寶寶哭的時候，你是急忙過去又抱又哄？還是不疾不徐地走向孩子，並且告訴孩子「我有聽到你哭哭喔！你要找我對嗎？我來囉！」然後再將孩子抱起。從嬰兒時期的延遲滿足，到幼兒時期的輪流，再到幼稚園生活的排隊等待，孩子們等待的時間越來越長，因此漸進式的拉長等待時間，並且適時告知需要等待的原因，孩子才能自然地適應越來越限縮的社會規範。

1. 早期輪替經驗——排隊也是需要練習的

在孩子 2 歲前後，可以累積哪些輪替經驗呢？生活中其實有很多機會可以讓孩子理解輪流跟排隊的觀念，像是洗手、吃東西或選玩具。例如：洗手時會說「我先幫你洗」，來到公園時會說「前面有哥哥，我們要排隊，還沒輪到你」上述對話是不是很熟悉呢？但對 2 歲左右的孩子來說，這些話其實少了重要的語意理解喔！即使你告訴他「需要排隊」，他還是無法明白「爲什麼」。

2. 什麼時候需要排隊？

請確實告訴孩子：當東西沒辦法同時讓大家一起用的時候，我們就需要排隊。這時需要幫語言發展尚未完整的孩子做細節的說明，例如：「一起用洗手台會把大家噴溼，所以你先，然後再換我，下次可以換我先嗎？」抑或是「溜滑梯太窄了，一起玩會很擠，哥哥先溜下來，再換你，我們排隊喔！」讓孩子擁有「先後」與「排隊」的實際體驗與理解，是成功排隊的第一步喔！

3. 為什麼要排隊？

因爲希望每個人使用物品時，能確實好好使用。如果大家都要搶先，每個人都只能用到一部分，按照順序輪流用，大家都可以好好使用。

4. 排隊該怎麼排？

請讓孩子確實待在位子上練習等待，才不至於對排隊的意思有誤會喔！

孩子可能會跟你說：「那我去旁邊玩一下，輪到我時再回來，也沒關係吧？」身爲家長的你，難免覺得必須好好利用時間，不要讓孩子空等，而請另一半帶孩子先去旁邊玩。

但倘若正値希望幫孩子建立「好好排隊」的幼稚園準備期，則適當的回應爲「不行喔！如果離開位置了，別人就不知道你在排隊，那別人就可以跳過你，繼續往前囉！」

總結以上四點，其實只要稍微修改對孩子的說明內容，就能讓孩子正確理解的排隊的意義喔！

延遲滿足與衝動控制能力

延遲滿足是孩子耐心等待願望、需求被滿足的過程，但因爲孩子尚未有正確的時間觀念，所以對於大人口中的「等一下」往往有錯誤的期待，因此需要家長提供有目標的等待，這時「帶著孩子一起數數」便是最容易的做法。當孩子有延遲滿足的理解，控制能否成功等待的因素便是「衝動控制能力」，孩子的前額葉尚未成熟前，即使理智上知道要耐心等候，卻容易因爲周遭環境的誘惑太多，而出現「忍不住」的情況，心有餘而力不足的同時，往往闖下大禍，倘若加上不成熟的語言說明能力，很容易被誤會是「故意」或是「不守規矩。」

1. 和 2~3 歲的孩子一起練習數數

利用日常生活中的幫忙需求，透過數數讓孩子們練習「等一下」。例如：「我知道你想要我幫你洗手喔！等我一下，數到五就好，一、二、三、四、五！你看，我來了，謝謝你等我喔！

2. 提供年紀稍長的孩子有目標的等待

跟孩子一起在等待時，可以引導孩子觀察「前面有誰？還要等幾個人？幾個穿什麼顏色的衣服？幾個男生？幾個女生？」有明確時間或數目，讓孩子擁有「可預期的等待」，較容易耐心地面對漫長的時間。

環境線索的判斷

學習排隊還有重要的一環：孩子會不會保持適當的肢體距離？孩子對於周遭環境的觀察，以及有他人存在的理解，是孩子能否拿捏團體中的肢體距離很重要的關鍵。

帶著孩子一起主動察覺環境或同伴的改變、空間大小、排隊動線、前進距離等。透過你和他之間的相對位置，說明距離是否太近，造成你的壓迫感。缺乏環境覺察能力的孩子，排隊時很容易出現推擠或爭吵，實際瞭解後會發現，有時候是因爲距離沒抓好造成誤會喔！

溝通表達

溝通表達永遠是孩子社會化不可或缺的能力。孩子若能清楚適切的表達就能大大減少排隊的衝突。排隊時，如果前面的人忘記前進、速度很慢、或者被碰到的時候，大部分的孩子會選擇直接往前，而沒有向對方說明，導致誤會的產生。因此引導孩子適切地去向同伴表達「你可以往前了」、「請你動作加快」、「你剛剛碰到我了，請你過去一點」等語句，讓孩子在爾後遇到類似情境時，可以善加運用，避免不必要的紛爭。

貼心小提醒

學習排隊其實需要生活經驗的累積，在學校的團體活動中，排隊時離開位置是許多孩子常出現的狀況，當孩子離開位置，就很容易造成同伴的誤解，而演變成吵架衝突。因此，家長別忘記特別向孩子強調留在原位的重要性喔！

排隊對孩子來說，其實不是一件容易的事，需要注意很多團體規範與社會細節。透過日常生活的排隊機會，與孩子一起討論，在排隊等待的同時，究竟可以做些什麼，才不會影響隊伍及團體秩序？例如：可以和別人聊天嗎？玩自己手上的玩具？唱歌？

家長在提醒孩子之前，不妨試著多觀察一些行爲細節，或是聽聽孩子對環境的理解，找出孩子的盲點，更能事半功倍喔！

為什麼孩子上課不專心？

上課的時候孩子就像身上長蟲一樣，動來動去不肯坐好；也很容易被周圍的事情吸引而分心，甚至會干擾同學的學習。本來很有耐性的溫柔提醒，到最後都讓人忍不住發火，到底該怎麼做才能增加孩子的專注力呢？

小張老師來解答

孩子不專心有很多原因

其實不專心是一種行爲表現。對於每個孩子來說，背後的原因可能不盡相同，如果沒有釐清原因，不斷地提醒孩子專心一點、不要分心，恐怕只會無限增加照顧者的火爆指數。

不同的行爲表現，代表著不同的專注力問題，有可能是專注力持續度不足、衝動控制能力不佳，抑或是自我中心的行爲問題。

後繼無力款

有些孩子一開始是專心的，但總是到後半段就開始發呆、恍神，這種表現通常跟孩子的持續性專注力不足有關。孩子若有足夠的持續性專注力，也就代表孩子有足夠的耐心完成眼前的任務，而非總是只有三分鐘熱度。

孩子能不能完成任務，也與孩子的對長敘述的聽覺理解能力有關。有時候老師講解到後半段，孩子的理解跟不上，就會出現後半段開始恍神的狀況。爸媽不妨注意孩子在家是不是也有類似的情形？同時交代兩、三件事，卻常常丟三落四，話都只聽進去一半。

想幫助孩子找回專注力請這樣做：**分段進行、覆誦、整理**該執行的任務。

針對持續專注力較短的孩子，我們可以試著將任務分段、或者在任務中給予適當的回饋或提醒，讓孩子能夠先有持續專注完成任務的經驗，隨著成功經驗增加，再逐漸將時間拉長，或是減少回饋與提醒；另外，讓孩子重複說自己該完成的任務，藉由「說」讓小腦袋同時整理訊息，減少孩子聽到長指令就開始恍神的機會。

忍不住誘惑款

上課時同學找他說話，或者好想跟同學講一件事情，於是忍不住跟同學聊了起來。因爲孩子無法控制衝動，他就是忍不住。這群孩子經常被安排在「梅花座」上。孩子面對想做的事或旁邊的干擾，一旦忍不住誘惑，就會出現分心的行爲，試著請孩子列出「上課守則」，並且放置在桌面上自我提醒。

爲了讓孩子順利控制衝動，除了多陪孩子玩需要停下來思考的遊戲，也要讓孩子有做適當選擇的機會，也就是所謂的選擇性注意力。

選擇性注意力讓我們能夠忽略周遭的干擾，選擇將注意力放在該認真的任務上，讓自己的專注力不被不重要的事情拉走。試著跟孩子討論班上的上課氛圍，老師的教學安排，哪些事物容易吸引他注意，再教導孩子如何透過「自我喊話」讓自己做出對的選擇。

如果想要幫助孩子找回專注力，請減少干擾，並給予較多的鼓勵回饋。家長可以試著跟老師溝通，將孩子盡量調整至較靠近老師的位置，減少周遭的吸引物，也可試著以隨時提問的方式，確保孩子在上課過程中，都能與教學者有所共鳴，維持一定的注意力。

做自己款

在學校中還有一種狀況，當老師發現孩子分心或做自己的事情時，抽問孩子問題，孩子卻都能回答。這種不專心是屬於行爲問題，而非注意力問題喔！

有些孩子認爲內容是熟悉的、聽懂了，可能因爲感到無聊而開始做自己的事。這群孩子在上學期間最常收到的評語是「你的小朋友很聰明，上課也比較活潑一點，但有時候會干擾其他小朋友學習。」

可以試著請孩子當老師課堂中的小幫手，舉手發言屬基本配件，提出相關延伸問題，剛好順勢加入素養教學結合生活的理念。如此一來，不僅可以增加課程參與感，對於孩子的領導與自信也能有所提升，可以說是一舉數得。

不管是控制不了衝動，還是太過於做自己的孩子，都一定要與孩子溝通他的行爲到底有什麼問題。與孩子溝通既有的行爲問題，並且提醒他課程仍在進行中，需要記得是大家一起上課，不能影響別人。引導孩子正視別人也正在上課，思考自己哪些分心的行爲，同時也會影響到其他人？上課時可以做的事情有哪些？

如果是喜歡回答問題的孩子，或許可以轉換角色爲「裁判」（答案確認者）；喜歡問問題的孩子，或許可以轉換角色爲「偵探」（線索搜集者）。透過不同的角色轉換，讓孩子在教室將聰明才智與專注力有效發揮得淋漓盡致。

貼心小提醒

課堂參與度一直是班級經營的重點，家長們總說「我的孩子對他有興趣的東西就會很專心！」沒錯，引起孩子的學習動機確實是讓孩子們融入教學的重要關鍵，但基本能力教學的過程，不容易爲每個孩子打造出專屬的教學法，興趣確實是增加孩子課堂參與的因素之一，但如同先做完「該做的」，再做「想做的」原則，學校教育有一定的進度與內容，需要班上的孩子們共同維持一定的班級秩序，才能有效的將「基本能力」交給孩子，而熟練基本能力的過程，再加入不同的生活元素，增加孩子的參與度。倘若孩子影響教學的狀況出現的較爲頻繁，不妨試試多與導師溝通，一同討論出皆大歡喜的班級經營與學習樂趣。

惱人的午覺時間

孩子從小就精力旺盛，像顆勁量電池，電力總是沒睡多久就充飽了。去到幼兒園之後，經常被老師反映午休秩序不佳，影響他人休息，我也有叮嚀他要乖乖睡覺，但他就是躺不住，我也不知道該如何是好……

小張老師來解答

生理時鐘與睡眠需求

幼兒園階段的孩子，根據美國睡眠協會（ASA）的建議，每日所需睡眠爲 10~12 小時，與嬰兒時期不同的是不需要上午的小睡了，這個時期的夜間睡眠約爲 8~11 小時，因此，下午 60~90 分鐘的午睡時間，便成了影響兒童作息的關鍵。至於關於午睡，請注意以下幾點：

1. 別讓午睡導致晚睡

夜間睡眠屬於主要睡眠，是大腦大量分泌生長激素的主要時間，也是大腦執行「儲存」和「記憶」的關鍵時刻。因此，不論孩子的午睡情況如何，都會希望孩子們在晚間十點以前入睡，以利大腦在十一點前進入深睡期，進行更新與代謝運作。

2. 調整早上的起床時間

倘若幼稚園上午的課程屬靜態居多，則可以考慮調整孩子起床的時間，以配合幼稚園的中午休息時段，減少孩子到了午休時間卻仍精力充沛的問題。

3. 可以躺著休息就好

下午 1 點是白天最明顯的睡眠高峰，然而並不是每個孩子都需要午睡。準備要去上學的孩子，家長可以透過中午的活動轉換，培養孩子固定的「休息」時間，不一定要睡著，但可以從事靜態活動，如：閱讀、畫畫等。

睡眠、活動量與情緒

活動量、睡眠與情緒三者息息相關，隨著孩子的成長，體力也會越來越好，需要的活動量自然越來越大，倘若這中間的平衡沒有獲得適當的調整，當中的落差也就容易轉為「失控的情緒」。不管是想動沒機會動，還是想動沒體力動，孩子的外在行為表現都是惱人的「鬧脾氣」，因此在睡眠、活動與情緒中取得平衡，便是孩子們行為穩定的關鍵。

1. 假日也要維持規律作息

剛開始適應學校午休的孩子，建議可以利用假日練習校園作息，將上午的活動量加大，並在中午 12 點半到下午 2 點的時間，陪孩子一起躺著休息。如果能夠不小心睡著，則可以在午睡醒後，跟孩子強化「在學校也是一樣，眼睛閉閉，躺著休息就好」的想法。

2. 不同於安撫物的校園陪睡小信物

有一群較為害羞、悶騷的孩子，面對開心的校園活動時間不會有太多「想家人」的狀況；但到了寧靜的午休時間，孩子很容易因為沒事做，而默默想起「爸爸媽媽現在在做什麼？」此時，陪睡信物就顯得非常重要了，這個陪睡信物可以是你跟孩子之間的共同連結，告訴孩子當他抱著信物想你的時候，你也同時在想他。

了解孩子是否需要睡午覺

並非每個孩子都需要睡午覺，確實有些體力好的孩子，因為上午的活動量不夠，而有睡不著的問題。不妨在進入校園前，觀察孩子的體力狀態，找到適合孩子午休型態，甚至調整孩子的午休配件。

1. 逐漸延後的午休時間

隨著孩子的年紀逐漸增長，體力也會慢慢變好，當你發現孩子到了午睡時間依然精神奕奕，亦或是勉強躺平後仍翻來覆去，那就表示孩子可能不需要睡眠式的午休，只需要暫停式的休息。

2. 不睡午覺仍有好情緒

孩子經常會下意識地回應「我不要睡覺」。在年幼時期，這樣的語言其實意味著「孩子累了，需要小睡了」，但如果孩子明明過了午睡時間，卻依然相當有精神，也沒有情緒不好或無故鬧脾氣的情況，那就表示孩子有足夠的體力應付每天的行程了。這個時期，你可以跟孩子說「你可以不要睡覺，但是要請你控制你的脾氣喔！如果累累了，會變得很容易生氣，那我們就去休息，這樣才能一起開心玩。」

3. 延後晚間主要睡眠的午睡

小朋友明明按照平常的作息睡午覺，但近期卻突然莫名晚睡，這時需要考慮的是縮短午睡時間。別忘了我們的最高原則——別讓午睡影響晚上的主要睡眠。

貼心小提醒

活潑好動的小朋友本來就比較不容易入睡，即使睡著通常睡姿也比較豪放些，建議家長為孩子準備非拉鍊式或無金屬釦的睡袋，因為孩子躺著休息的過程難免翻動，此時金屬釦容易敲到木地板而發出聲音，導致孩子承受不必要的責難或壓力。

此外，活潑好動的孩子也比較適合靠邊睡，不論是牆邊或是老師的旁邊，對孩子安穩的躺著休息都有莫大的助益，因為身體倚靠的感覺，能夠提供孩子較高的安全感，讓孩子較容易在開放的環境中獲得足夠的安全感，安分的躺在自己的睡袋上。

如果孩子在生活中感受到壓力，最容易被影響並表現出來的是「排便」與「睡眠」的模式出現變化。當這兩個生理需求莫名改變時，家長需要回想日常生活是不是有什麼變化？敏感的孩子們可能感受到無形的壓力，此時，透過聊天、討論與溝通，陪著孩子一起面對、適應新事物。

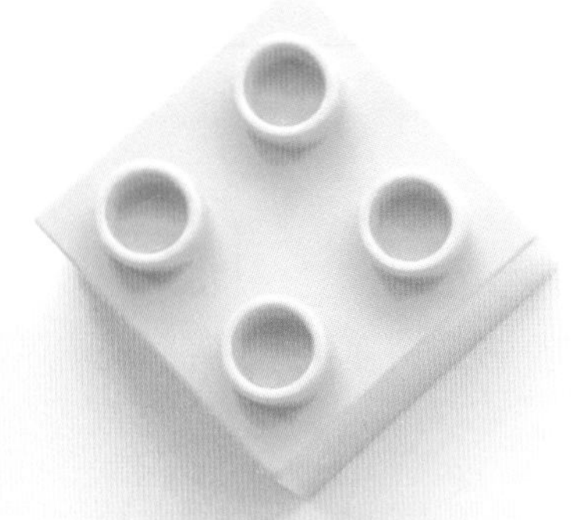

PART 2
專注力遊戲

CHAPTER

3

視覺專注力遊戲

2～3歲的孩子很喜歡玩角色扮演的遊戲，而且享受完成任務的過程。這個年紀的孩子其實具備了聽指令的能力，所以我們的遊戲，可以**藉由情境引導，加入認知能力的練習**，這個年紀的認知能力包含：分類、顏色配對及身體各部位的認識，甚至是更挑戰的區辨能力，例如：分辨多少、長短、區辨大小聲等，都可以加入遊戲中，讓孩子增加完成任務的成就感。

3～5歲孩子的空間概念正開始成形，面對眼前的事物，也正逐漸築起「數與量」的概念。透過2～3歲情境遊戲的練習，**3～5歲的孩子能夠處理稍具邏輯的規則，進而從直觀的對比判斷，進入較為複雜的代號轉換**，多了一個步驟的資訊處理，需要孩子們有更集中的專注力，此時不論是手眼協調的點數練習，抑或是「將A先轉換為a，再轉換成代表數字1」的多步驟資訊轉換過程，都需要孩子們目不轉睛的按圖索驥，將所獲線索轉換成指定答案，透過推理產生的成就感，對孩子有莫大的鼓舞，讓孩子能夠有信心地面對幼兒園的認知學習。

視覺
專注力遊戲

1

遊戲難易度

★★☆☆☆

遊戲分齡建議

2歲～3歲

準備材料

① 紙張　② 彩色筆
③ 印泥（可以一到三種顏色）

動物的衣服拍賣會

動物園快要開幕了，
可是動物園裡的動物們卻遇到可怕的圈圈大盜，
竟然在牠們身上噴了白色圈圈斑點。
動物們很傷心，擔心自己無法很漂亮的去動物園上班。
孩子們，可以幫忙動物找回身上的漂亮斑點嗎？
牠們一定會很開心的！

Step ①

可以自己畫或上網列印**動物的卡通圖案**。

Step ②

在動物身上畫上大量**拇指大的空心圈圈**，如圖所示。

找找圈圈大盜
挖走了哪裡～
我們幫牠蓋印章
穿衣服

Step ③

讓孩子用手指沾上印泥，並且準確的**蓋在圈圈裡**。過程中引導孩子找到圈圈再蓋上去。

Step ④

最後可以再用彩色筆或印泥隨機裝飾動物喔！

如何玩得簡單一點

如果孩子無法找到圈圈或精準地蓋在圈圈內，可以引導他們蓋在指定的部位，例如：尾巴、耳朵、身體，甚至可以蓋在主要構圖線內就好囉！

縮小範圍是簡化孩子的視覺干擾，在範圍內的 3~4 的圈圈中，努力對準圈圈，將手印蓋進目標物內；另一種簡化方式是**將圈圈變大**，讓小朋友先有成功的經驗，再進入圈圈較小的範圍中嘗試，遊戲的**目的是引導孩子用「眼睛找找看」**，成功的經驗可以增加孩子的耐心以及想要完成的慾望喔！

如何玩得難一點

加入用**不同顏色**的彩色筆畫**圈圈**，紅色圈圈蓋上紅色的印泥，藍色圈圈蓋上藍色，將顏色配對的概念加入遊戲中。

初次接觸這個遊戲的孩子們會對於可以用印台、用自己的手蓋印章，而感到興奮，能夠準確的蓋在圈圈內已經很不容易，在小朋友能夠穩定的找到圈圈，並小心對準的情況下，不妨增加難度，讓小朋友體驗繽紛的色彩，甚至可以決定哪一個部位想要增加什麼顏色；在顏色變異性增加的同時，再次將「找找看」的精神發揮得淋漓盡致，幫動物穿上美麗的衣裳喔！

圈圈大盜把牠的
尾巴變醜醜了～
我們一起把尾巴
的顏色找回來

圈圈大盜把
草莓紅色偷走了，
我們用草莓紅色蓋印章，
趕快幫牠
找回來～

溫馨小提醒

面對孩子對於規則的挑戰，難免無奈、動怒，但孩子畢竟還小，剛開始適應與接受遊戲有規則、社會有規範，所以建議家長可以透過情境引導，讓孩子順著情境，在無形中遵守規則而完成任務，並在完成任務後告訴孩子：「謝謝他的幫忙，準確的按照規則將任務完成。」孩子們會發現，原來遵守規則不是一件很痛苦的事，不是一個只有限制，沒有快樂的過程，藉以增加孩子們對於規則遵守的意願。

還可以怎麼玩？

可以將動物畫在大張海報紙，一樣可以用彩色筆畫上**不同顏色**的空心圈圈，這次圈圈可以大一些，或用各種顏色的圈圈擺放在動物上，讓孩子找找家中一樣顏色的物品，例如：紅色牙刷放在紅色圈圈，藍色杯子放在藍色圈圈，透過放大遊戲，讓孩子動起來，甚至可以發現，小朋友是不是明確的知道家中物品的擺放位置，試試不同的提示語，看看你跟孩子的默契吧！

肢體與情緒練習

整個遊戲的過程，挑戰的是小朋友對於情境的理解，能夠順利的理解情境，才能夠持續專心的將「手指蓋印章的『穿衣服』任務完成」。加上後來增添的彩色圈圈，需要小朋友在理解之餘，多一個配合、配對的能力，顏色配對的過程，需要孩子們使用視覺搜尋技巧，找到指定的顏色，利用良好的手眼協調能力，將色彩放入圈圈中。

整個過程可能會有蓋不準或是太開心不小心蓋錯的可能。

堅持度高的孩子，可能會生氣或是懊惱，希望可以換一張，這時候家長可以把握機會增加孩子「接受不同結果的彈性」，例如：我知道你想要一樣的顏色，但是它等一下穿好衣服要去結帳，這是他可以優先結帳的記號喔！這樣店員看到他，就知道要幫他打折喔！試著**用情境轉化孩子的堅持**，讓孩子有台階下，遊戲也能順利進行。

隨性衝動的孩子面對蓋不準恐怕無所謂，這時候需要家長先停下來，以情境引導孩子，如果你沒有蓋準，他身上的破洞都沒有補好，這樣他會感冒喔！所以要請你幫我看清楚，對準圈圈，把洞洞補好，這樣他才能漂亮的出門參加派對喔！

視覺
專注力遊戲

2

遊戲難易度

★★★☆☆

遊戲分齡建議

2 歲～3 歲

準備材料

① 積木、樂高、紙箱、鞋盒，都可以用來當做停車場的材料
② 彩色筆
③ 小車子數台，沒有車子也可以用積木代替
④ 顏色小卡數張，顏色可配合停車格的顏色

交通大亂的動物園停車場

動物園終於要開幕囉！小動物們挑選完衣服後，
大家都要出發去動物園，但因為人手不足，
在沒有交通管制的情況下，突然太多車子湧進，停車場一團亂！
管理員叔叔來不及指揮交通，
需要小朋友幫忙把車子開進停車格裡面，
要記得看叔叔的指示牌，不要停錯停車格囉！

Step ①

蓋一個停車場，最好有小門當入口，可以用樂高組裝成**不同顏色的停車格**，或在紙張上用不同顏色的彩色筆畫上停車場。（創作型爸媽，可以使用紙箱做精美停車場，只要停車格都有明顯且不同的顏色就可以）

Step ②

當孩子開著車車進入停車場，需要在入口處抽一張「停車票卡」，對照車庫前方的停車區，讓孩子**依小卡顏色**停入指定停車區內。

嗶嗶嗶，請把車車停到一樣的顏色的停車格喔（並秀出顏色小卡）

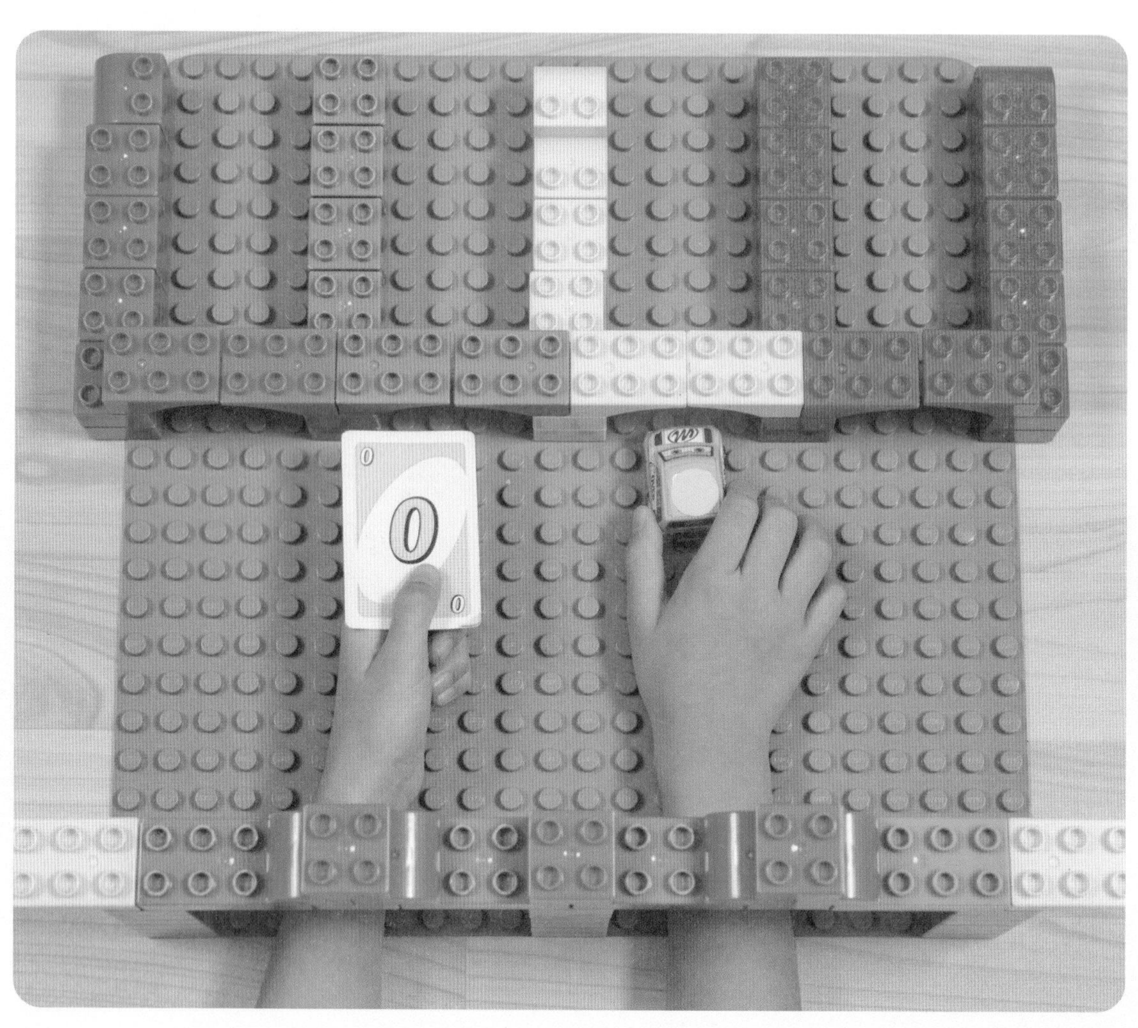

如何玩得簡單一點

- 讓孩子自己拿著顏色小卡，帶著孩子一起比對每一個停車格，找到「一樣的顏色」，再把車車停進去。
- 直接讓孩子觀察小車的顏色（不使用顏色小卡），停入與其一樣顏色的停車格。減少卡片的干擾，讓孩子先練習單純的顏色配對即可。

香蕉黃色的車車
要停到「跟它一樣
顏色的」停車區喔！

如何玩得難一點

一次給 3 張停車票卡，請孩子按照票卡出現的順序，把車子停入指定顏色的停車區域中。
是按照**停車票卡的顏色**，不是按照車子的顏色喔！小朋友需要清楚條件，不受車子顏色干擾其視覺辨識與記憶能力。

嘩嘩嘩，叔叔說，
現在這三個顏色
的停車區開放停車，
請照順序把車車一台一台
停進去喔！

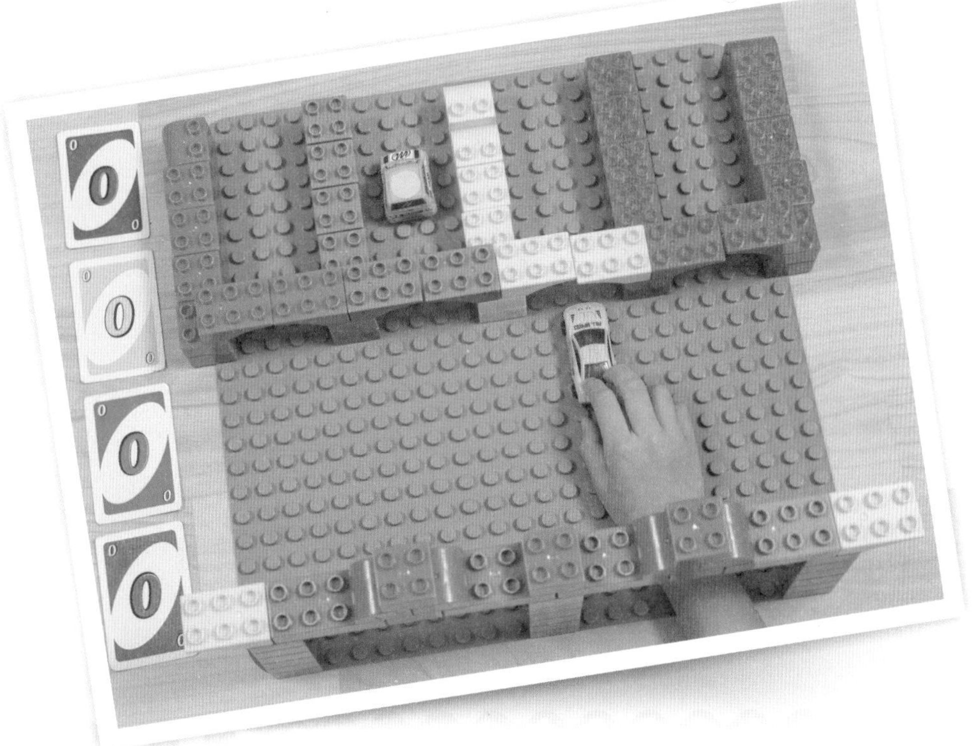

肢體與情緒練習

用積木蓋停車場的過程，小朋友或許會有自己的想法，想要這個方向、想要那個方向。

堅持度高的孩子，可以試試說服他：「不同方向的積木排列，可以給不同大小的車子使用喔！」從討論積木拼裝的方向，增加孩子接納多元建議的彈性。別忘了，下次出門遇到停車場，可以指著不同方向的停車格，提醒孩子，你看！停車場會需要不同方向的停車格，才能停更多車車喔！

隨性衝動的孩子，可以試試跟孩子說，如果積木沒有蓋整齊，車子開進來停的時候會撞到喔！所以要請你幫忙，幫我把積木對齊蓋好，這樣才能夠停更多車子，收更多停車費喔！別忘了，下次出門遇到停車場，可以再試著提醒寶貝，你看！這裡的停車格是不是很整齊？跟我們上次一樣，畫整齊就可以停很多車車喔！

識別圖卡的配對過程，需要小朋友的視覺記憶力與顏色配對能力，找對了當然有一定的成就感，但找錯了，也可以順勢增加一點小朋友面對挫折的經驗。讓孩子知道找錯了，只需要重新找到對的位子，把車停好，就完成囉！試著讓孩子們自然地累積「做錯了，趕快更正或者挑戰下一次」的經驗，讓孩子們在爾後面對挫折時，有更強的的心理素質喔！

3

熱鬧的售票亭

遊戲難易度

★★★☆☆

遊戲分齡建議

2 歲 ～ 3 歲

準備材料

① 紙杯數個　② 蠟筆

終於停好車了，小朋友們好期待可以看到可愛的動物，
開心的從停車場走到售票亭，結果發現，
糟糕！剛剛一陣大風把售票亭的票都吹亂了，
售票員很傷腦筋，請各位聰明的小幫手幫忙把票排好，
售票員才能趕快把票提供給大家，
讓大家進去找可愛動物一起玩喔！

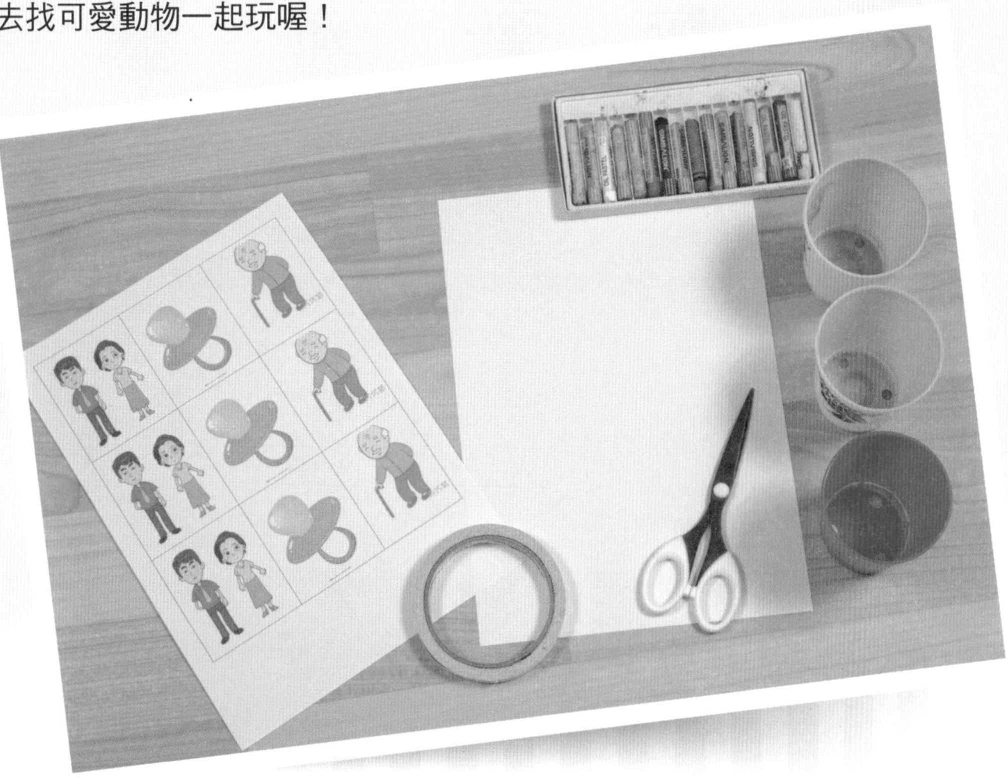

Step ①

在紙杯底隨機畫上**拐杖、奶嘴及爸爸或媽媽**的圖案，分別代表**老人票、孩童票及一般票**，也可以上網列印圖案貼在杯子上。

Step ②

把紙杯任意倒扣在桌上，請孩子把畫有**一樣圖案**的紙杯疊起來。

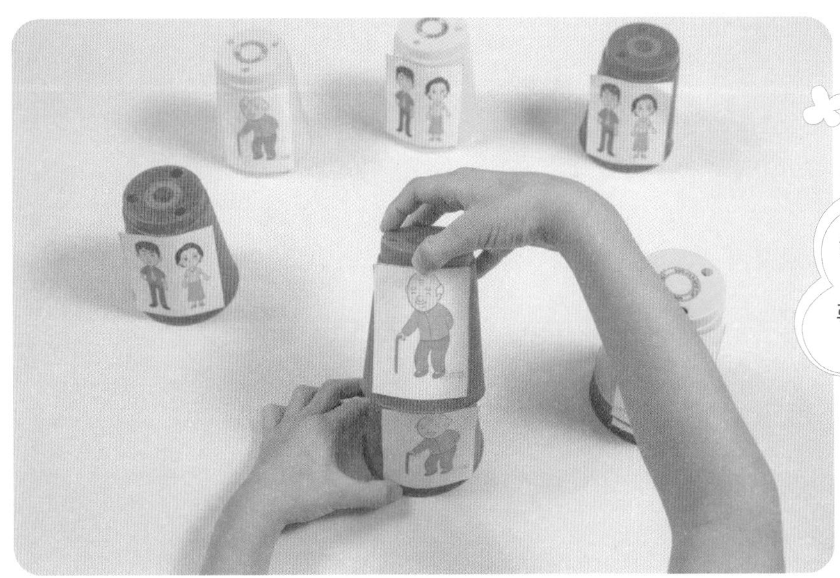

這裡有爺爺票、奶嘴票
還有爸爸媽媽的票，
要請你幫忙把一樣的疊
在一起喔～

如何玩得簡單一點

- **減少票種**。例如：只畫上拐杖及奶嘴，讓分類變得簡單。當孩子不需要同時處理三個訊息時，遊戲就會相對變得簡單喔！

現在售票員
請你幫忙找家庭套票喔！
一張爺爺票、一張奶嘴票
跟一張爸爸媽媽票，三張票
要疊一起，大家才能一起
進去動物園喔！

如何玩得難一點

- **套票組合**。讓孩子不只配對「一樣的」，也可以找「組合」，例如：找一張老人票、一張小孩票，再找一張一般票。尋找套票的過程，需要觀察「已經拿了什麼，還要拿什麼呢？」並且清楚的知道要拿三種「不一樣」的票種，對於正熟悉「找一樣」的寶貝，是一種反向思考的挑戰，面對擁有良好視覺搜尋能力的寶貝，不妨試試喔！
- **生活名詞轉換**。語言能力與詞彙累積較多的三歲寶貝，可以試著將生活中的用語帶進遊戲中，例如：爺爺票 = 敬老票 / 老人票，爸爸媽媽票 = 一般票 / 成人票，奶嘴票 = 兒童票，請孩子聽指令找到票，也可以加入數字的元素（建議以 1 ～ 3 爲主），這個過程牽涉先聽再找，也加入了視、聽覺整合的部分喔！

當遊戲貼近生活，孩子們將對日常生活經驗感到有趣，家長別忘了生活中在排隊買票或手機訂票的同時，提起這個遊戲經驗，讓孩子一起觀察售票口的票種分類，自然不會因爲排隊無聊，而時時刻刻想著 3C 產品喔！

售票員廣播：
現在要買票的家庭需要
老人票 1 張、
成人票 2 張、
兒童票 2 張喔！

肢體與情緒練習

遊戲中包含找東西的過程，孩子們難免習慣用嘴巴找東西，面對需要找一樣，或是找不同的情況，可能會有放棄而決定隨便拿一個的情形，此時，需要家長從旁協助，試著將搜尋範圍變小，例如：「你在找奶嘴票對嗎？你幫我看看是這一個還是那一個？」類似這樣的簡化遊戲，增加孩子們的成功機率，避免因爲懶得找、懶得想就直接放棄。帶著孩子們從 2 選 1 開始練習，慢慢進入 3 選 1、4 選 1，最後進步到區塊式的提示，例如：「我發現這一區好像有你要的票，你要不要來找看看？」

當孩子逐漸從小範圍的搜尋，進入大範圍的搜尋，可以想見的是進步的視覺搜尋能力，以及完成任務的專注力與耐性，更加分的是面對找不到的挫折，孩子們依然在你的引導中，一次又一次的嘗試，一次又一次的獲得進步，並且在三歲左右開始逐漸建立「分類概念」及「順序概念」，爲接下來的認知能力做準備。

視覺
專注力遊戲

4

遊戲難易度

★★★☆☆

遊戲分齡建議

2 歲～3 歲

準備材料

① 不同顏色的毛根（年紀較小的孩子可以將棉花棒塗上不同顏色取代毛根）
② 剪刀　③ 紙盒　④ 鳥媽媽圖 1 張
⑤ 雙面膠　⑥ 彩色筆

搶救鳥園大作戰

大家在動物園逛得正開心，
突然聽到廣播：緊急狀況緊急狀況！
鳥園的小鳥們突然全部破蛋而出，
鳥媽媽來不及餵小鳥寶寶吃毛毛蟲，
需要遊客們的幫忙，
請自願幫忙的遊客到鳥園前集合，
謝謝！

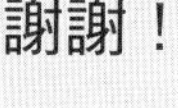

Step ①

將毛根剪成兩段，當作毛毛蟲。（注意毛根頭尾的鐵絲，可以用膠帶包覆成鈍頭，以免刺傷小朋友。）

Step ②

將**張開嘴巴的鳥媽媽**，剪下黏在紙盒上。

Step ③

在鳥媽媽的嘴巴位置**戳數個小洞**，大小要使毛根可以插入。

Step ④

在洞外圍用彩色筆**畫上不同顏色的圈圈**，可以有一個，也可以有數個，每一個圈圈代表不同的小鳥嘴巴，**使用的顏色需配合毛根的顏色**。

Step ⑤

讓孩子將不同顏色的毛根，**戳入其對應的小洞**。

鳥寶寶躲在鳥媽媽的嘴巴裡，
請你幫忙鳥媽媽，把鳥寶寶
指定口味的毛毛蟲放到牠的嘴巴裡，
要記得找對顏色和口味，
才不會吃錯口味，
肚子痛痛喔！

如何玩得簡單一點

- **不指定顏色**。如果孩子對顏色配對不熟悉，則可以試著請孩子將棉花棒或毛根精準的插入洞中即可。
- **簡化顏色**。例如：只使用紅色和綠色。在顏色干擾減少的情況下，孩子比較容易完成配對的遊戲。

要請你幫我看看，
現在是哪一隻小鳥
點餐要吃毛毛蟲呢？
我們一起數數看牠想吃
幾隻才不會肚子餓喔！

如何玩得難一點

增加餵食步驟。如果家裡沒有不同顏色的骰子，爸爸媽媽也可以自己做，將不同顏色的圓點貼，貼在不同的骰子面上，可以丟不同顏色的骰子，依顏色判斷是哪一隻小鳥寶寶要吃蟲蟲，再帶著孩子一起數上面的點數，餵食足夠數量的蟲子。

加入丟骰子的遊戲元素，孩子們需要等待骰子丟出，多一個辨識的步驟，對孩子的挑戰就會多一些。

輪流與等待。試著增加遊戲人數，邀請家庭成員一起玩，加入輪流的概念。一起遊戲的成員越多，孩子們需要等待的時間越長，對孩子們的挑戰也就越大。

我們輪流餵小鳥，
先問看看是哪隻小鳥寶寶
最餓，你先餵，再換媽媽，
媽媽餵完換爸爸，
然後再換你喔！

肢體與情緒練習

遊戲中需要孩子們擁有良好的手眼協調能力，2 歲左右的孩子，倘若缺少工具使用的機會，在執行將毛根或棉花棒準確插入洞口的動作時，可能會產生無法對準、或力氣不足的挫折，在孩子放棄前，記得抓緊機會，握著孩子的手，一起將毛根或棉花棒插入洞口中，並且搭配口頭鼓勵，鼓勵孩子再餵下一隻，隨著孩子們累積的經驗越來越多，一定會有獨立完成的時候，倘若希望快速增加孩子成功的可能，不妨挑幾個洞，將其挖得大一點、鬆一點，讓孩子先有成功的經驗，增加動機後，進而完成任務挑戰。

顏色辨識與配對是 2 ～ 3 歲孩子主要的遊戲任務，孩子們面對配對和找一樣並不陌生，當遊戲元素加入「輪流」的互動過程，家長便可以試著將「一起玩」的詞彙加入遊戲中，讓孩子們在安穩、安心的家中，以情境逐漸了解「一起玩」的意思，適應團體中可能會有的規則，以利後續進入幼幼班或小班的團體生活。

輪流的另一個關鍵能力是「共同專注力」，孩子們從個人進入團體時，難免會有忘我的錯覺，家中以孩子爲主體，多半會對著孩子直接給予任務或提醒，進到團體中，成人未必會對著自己說話，孩子很容易因而錯過成人交代的重要資訊，因此「輪流」遊戲可以提供孩子機會，練習隨時都要注意團體或者遊戲中的狀況，不至於錯過重要訊息，回到遊戲中最簡單的要求，便是輪到自己時，是否需要旁人的提醒呢？還是不是輪到他的時候，孩子通常在玩自己的，往往沒有發現輪到自己了呢？願意花時間陪玩的你，不妨注意這個小細節，一起爲孩子的幼托銜接打基礎喔！

5

水族館淹水了

遊戲難易度

★★★★★

遊戲分齡建議

2 歲～3 歲

準備材料

① 小球數顆　② 橡皮筋數條
③ A4 廢紙　④ 彩色筆
⑤ 大水桶
⑥ 早餐店飲料杯 4 個
（杯緣要可以剛好扣住球）

逛完彩色的鳥園之後，外面突然下起大雨，
大家都趕快跑進水族館躲雨，
沒想到大雨讓館內的排水設施故障，
魚缸的水太滿，小金魚都游出來了，
有沒有人可以幫忙用漁網把小金魚撈回來呢？

Step ①

先讓孩子用紙將小球包住，
並**以橡皮筋綁在尾巴處**。

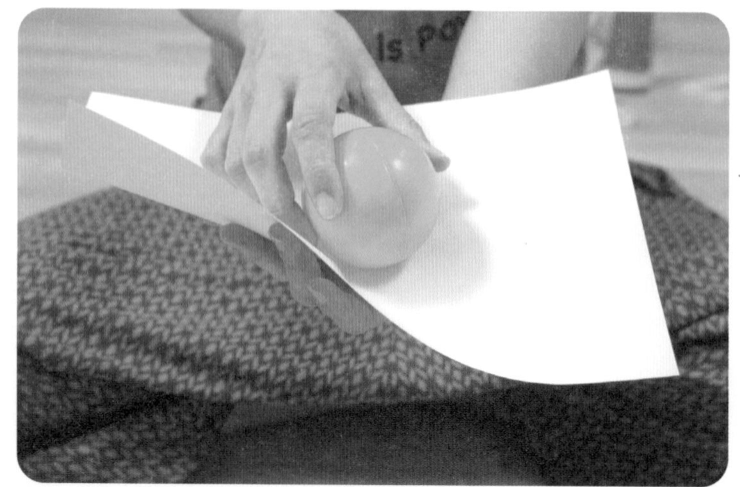

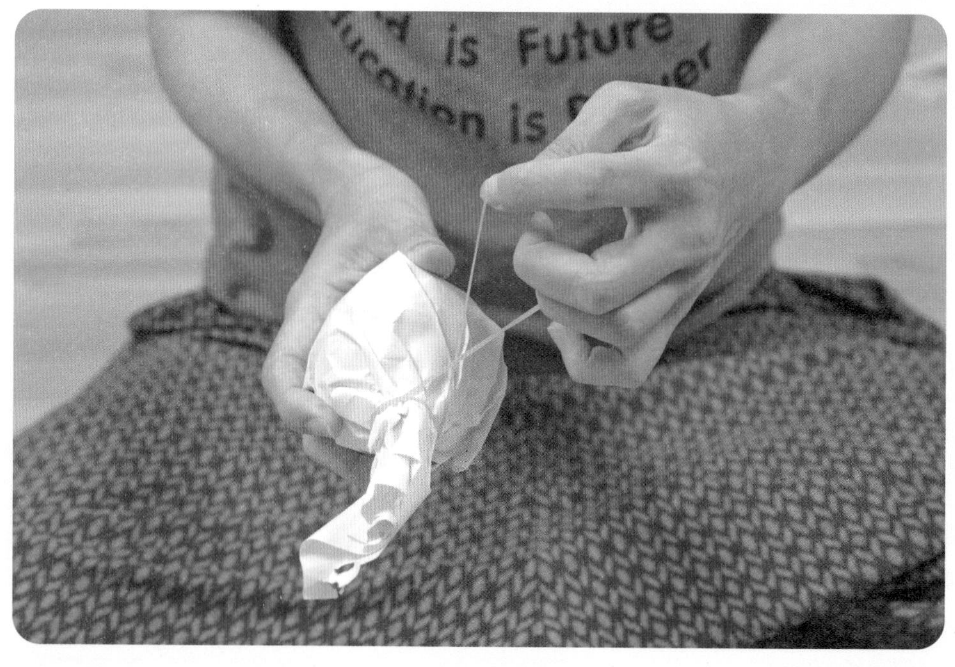

Step ②

用紅、黃、藍、綠的彩色筆**在魚身上著色**，再畫上眼睛、嘴巴，就是小金魚囉！

用漁網撈小金魚，牠們才不會受傷，用手手捏可能會抓傷牠們喔！紅色漁網抓紅色小金魚，黃色漁網抓黃色小金魚，藍色漁網抓藍色小金魚，要用「一樣的顏色」漁網，小金魚才知道那是牠們的家喔！撈起來之後，把牠們都放進來大魚缸一起洗澡吧！

Step ③

同樣在紙杯畫上紅、黃、藍、綠的顏色，或以貼紙清楚標示顏色，做爲漁網。

Step ④

把小金魚撒在地上，請孩子拿漁網**抓一樣顏色的小金魚**。

如何玩得簡單一點

- **簡化顏色**。只使用兩種顏色，減少多種顏色的干擾，讓孩子輕鬆找到相同顏色的魚及漁網，增加孩子完成任務的成就感。

如何玩得難一點

- **雙重任務**。請孩子兩手各拿一個不同顏色的杯子，同時抓兩隻不同顏色的小金魚。當遊戲需要同時注意兩個訊息時，就會變得比較複雜囉！

哎呀！
小金魚跑太快了，
兩隻手一起幫忙抓吧！
記得要找對小金魚
住進你的漁網裡喔！

肢體與情緒練習

在整個遊戲的過程中，孩子們對於把魚隨性灑出來的過程感到興奮，不妨當做促進感情的開機遊戲，讓小朋友覺得玩遊戲不是只有一堆煩人的規則要遵守，原來爸爸媽媽也可以跟我一起玩亂丟的遊戲，歡樂的遊戲氛圍，可以提高接下來的完成意願。

看著到處亂游的魚兒，不妨搭配孩子熟悉的兒歌，增添遊戲的趣味，面對 2 ～ 3 歲正在努力延長句子的寶貝們，熟悉的兒歌會讓他們想跟著一起唱，這可不失爲一個練習口語能力的好機會。唱歌的過程中，可以搭配「聽到音樂魚兒就會開心的游來游去」所以可以開心灑魚；「音樂暫停時魚兒就會停下來」這時候就不能去動小魚囉！**隨性衝動的孩子**，很需要這一個步驟的練習，控制過嗨一直想灑的衝動，有利於接下來要努力完成的捕魚大賽喔！

面對抓魚的過程，**堅持度高的孩子**，很可能糾結在某些角度，或是一定要如何包覆，才叫抓到！這時要請大人直接把魚缸拿到孩子身邊，帶著孩子的手，以任意角度，將抓到的魚放入魚缸內，並且向孩子說明：「你看，牠只要可以住進來就好喔！你幫我看看你還可以帶哪一隻魚回來大魚缸？」順勢的轉移與直接呈現任務完成的結果，可以讓孩子破除自身的糾結，順利的完成任務。

視覺
專注力遊戲

遊戲難易度

★★☆☆☆

遊戲分齡建議

3 歲 ～ 5 歲

準備材料

① 綿羊圖片五張
② 黑山羊圖片五張

分開黑山羊和綿羊

糟糕！農場裡怎麼有黑山羊跑進綿羊的家裡頭？
可以請你幫忙管理員先生指揮交通，
把黑山羊和綿羊分開嗎？
一起來幫忙管理員叔叔吧！

Step ①

爸爸媽媽可以在紙上**畫出黑山羊及綿羊**的圖案，或是在網路上搜尋列印。

Step ②

接下來，爸爸媽媽要請小朋友記住，看到**綿羊的動作是「交通指揮通過」手勢**，看到**黑山羊是「雙手在胸口打叉」手勢**。

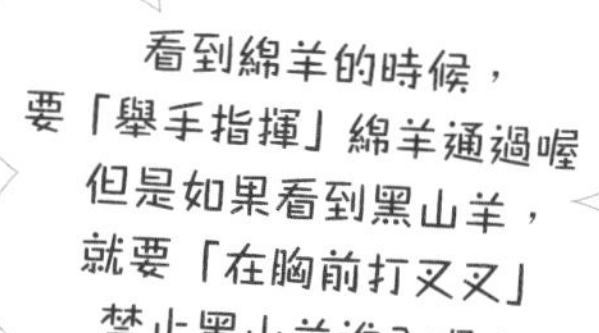

Step ③

將黑山羊及綿羊圖卡隨機排出來，接著就請小朋友**看著圖卡，依序做出動作**，要小心可別做錯動作喔！

等一下要請你仔細看
「是誰來敲門？」看到不同的羊，
要記得做出不同的動作喔！
有 10 隻羊在排隊，準備好了
我們就來看看客人能不能
進來囉？

如何玩得簡單一點

- **減少圖卡張數**。先從少量的圖卡開始，甚至可以採「一次 show 一張」的方式，將 10 張卡片洗牌後，每次亮出來敲門的羊，先讓孩子做出動作，再逐漸將出示圖卡的速度加快，確定小朋友可以跟上後，再嘗試一次出示三張圖卡，請小朋友依序做出動作。
- **請孩子跟著家長一起做**。如果發現小朋友對於不同動物的動作還不熟悉，可以跟孩子一起隨意擺放卡片順序，請小朋友跟你一起做動作。雖然動作指令的記憶尚不明確，但小朋友學家長一起做動作的同時，也能練習到孩子們適應團體最重要的「觀察等待」能力！
- **用手指指出現在是輪到哪一隻羊**。有些小朋友可以看著圖卡做動作，但因為圖卡張數多，所以容易亂掉，此時，可以考慮小朋友做一個動作，家長幫忙指在該張圖卡上，讓小朋友更容易跟著一起完成！

我們一起把牠們排好，
等一下一起看看是誰可以進場，
誰不能進來喔！我們一起從
第一個開始念，然後我會做
動作，如果你忘記了沒有關係，
可以看我怎麼做喔！

如何玩得難一點

- **增加圖卡張數**。當需要看的卡片張數越多時，孩子眼睛就需要跟著圖卡移動，邊做動作邊在心裡告訴自己已經完成哪一張圖卡。
- **嘗試稍高難度的動作**。例如：看到黑山羊要「單腳站」，看到綿羊要「跳起來腳打開」，讓孩子盡情發揮創意的同時，因為動作難度增加，孩子們不但做動作時需要花費多一點腦力，更需要緊盯著自己已經做到哪一張圖卡，挑戰性自然提升不少。
- **加入同伴一起輪流做動作**。遊戲過程中，倘若加入其他人進入遊戲輪替，則人數越多，難度越高。因為小朋友不僅得專注在「輪到哪一隻羊了」，還得注意何時該輪到自己做動作，也就是所謂的「共同專注力」，在不是輪到自己的時候，依然可以專注在大家正在做的事情上，這可是孩子們進入幼稚園前必備的能力喔！

肢體與情緒練習

整個遊戲的過程，挫折容易出現在做到一半，因爲眼睛沒有緊盯著圖卡而次序錯亂。可以試著利用情境的轉折「後面來的羊看起來好像年紀比較大耶！走起路來慢慢的，你可以看清楚再指揮牠們喔！」逐漸放慢速度，讓孩子自然的跟上，而非直接感受因爲能力不足而放水，如此一來，孩子們的挫折感也會自然降低。

堅持度高的孩子容易糾結在動作有沒有做完整，還在想動作是否正確的同時，很可能錯過下一隻羊，一但出現落後的情形，便手忙腳亂。此時不妨提醒孩子「我覺得你的手勢很清楚，小羊都知道自己要去哪裡，現在要請你先冷靜，看清楚輪到哪一隻羊，再指揮牠們去該去的地方喔！」透過與孩子對話，一方面將孩子的專注力拉回羊隻的圖卡上，一方面幫孩子做點跳脫，讓孩子可以重新調整視覺注意力，完成遊戲。

隨性衝動的孩子容易因爲不確定動作，而有打馬虎眼的情形，建議可以先放慢速度，陪著孩子先一起確立不同的指揮動作，再逐漸加快速度。當孩子出現模稜兩可的動作時，其實是需要幫忙的求救訊號，可試著先減少圖卡量，讓孩子擁有完成的成就感，再用情境讓孩子挑戰持續度稍長的回合。例如：「要謝謝你剛剛的指揮喔！綿羊都順利回家了，但大家知道你的羊圈又有秩序又溫暖，大家都想要來你的農場，這次來的羊比較多，工作時間可能會比較長，我們一起試試看喔！」

視覺
專注力遊戲

7

遊戲難易度
★★★☆☆

遊戲分齡建議
3歲～5歲

準備材料
① 撲克牌一副
（數字1～10，共四個花色）

消失的號碼牌

大家都回到農場裡之後，要準備來領晚餐囉！
因為剛剛進來的羊太多了，小羊們得先排隊拿號碼牌，
才能取餐，可是有小羊的號碼牌不見了，
快來幫忙肚子餓的小羊，
一起找找牠的號碼牌在哪裡呢？

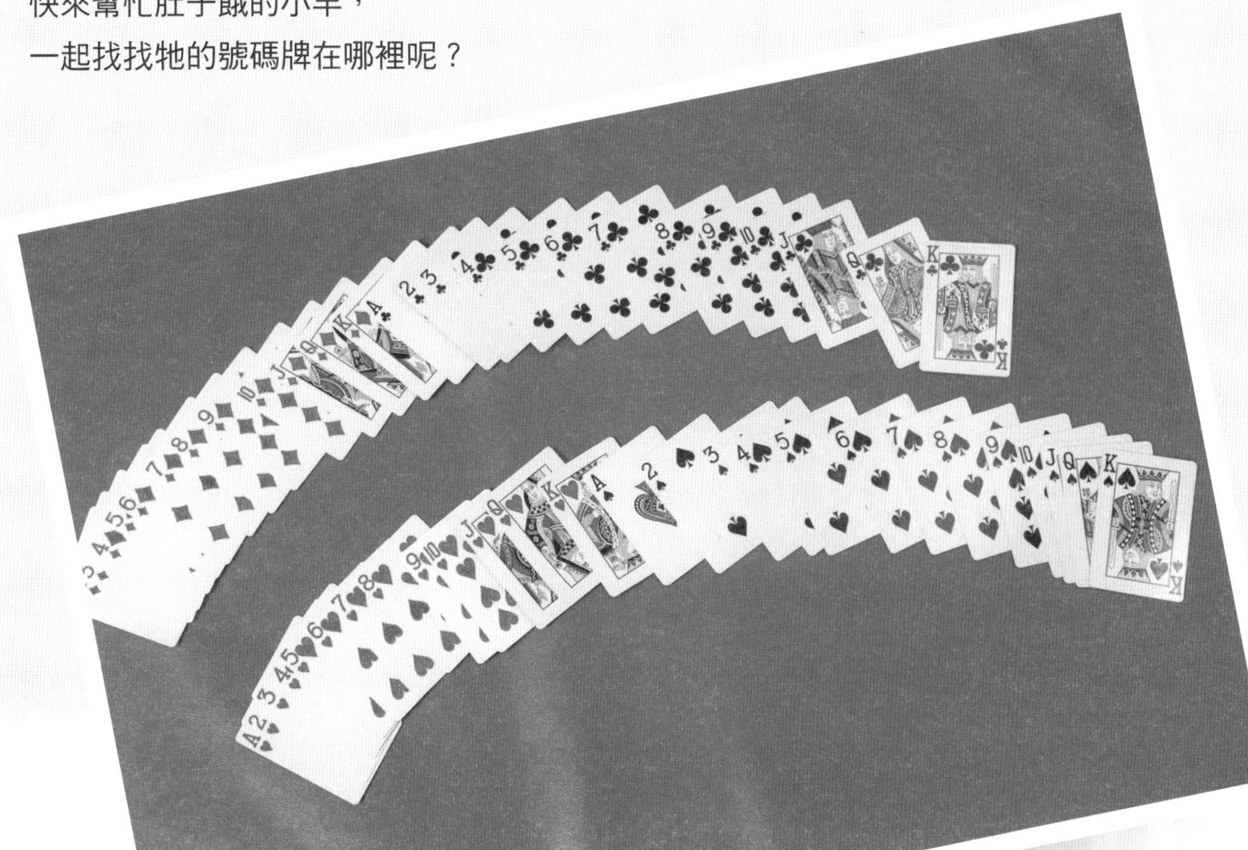

Step ①

來排隊囉！
首先挑選一種花色的撲克牌，按照 1 ～ 10 順序排出，同時**和孩子一起點數**，讓孩子熟悉數字次序概念。

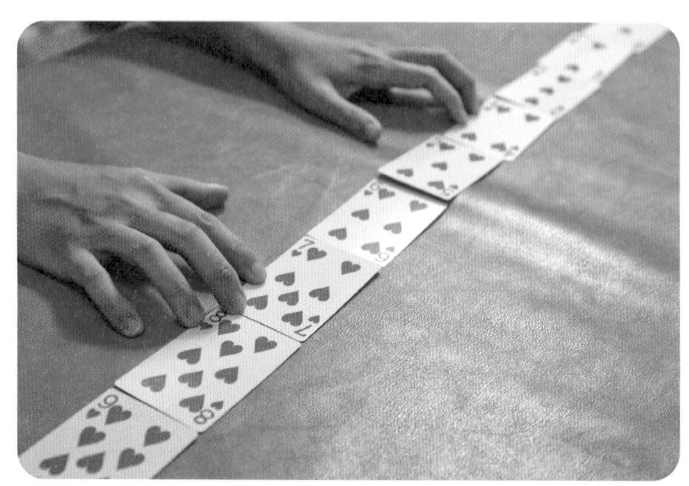

Step ②

讓孩子閉上眼睛，再**隨機將其中數張撲克牌抽掉**，丟回牌堆當中。

Step ③

是誰不見了？

從 1 開始數一數，孩子是否可以發現是幾號不見了呢？再請孩子從牌堆當中**找出不見的號碼牌**，要小心**別拿到不同花色的號碼牌**喲！

如何玩得簡單一點

- **減少圖卡張數**。3 歲的小朋友正開始熟悉數字的命名，對於仍然不熟悉數字長相的孩子，要完成序列是難上加難。如果孩子們認識的數字還不多，可以先從孩子們已經認識的數字開始，如：「耳朵 3」、「鴨鴨 2」、「鉛筆 1」、「帆船 4」、「眼鏡 8」，使用孩子已經認識的數字，並且減少張數，從 3 張牌開始嘗試。
- **減少花色干擾**。有些孩子容易因爲撲克牌花色較多，而失去視覺搜尋耐性，可以請小朋友找出「正確顏色」的數字即可！

現在要請你注意看喔！
有四隻綿羊有拿號碼牌，
有 1 號、2 號、3 號和 8 號，
現在要請你眼睛閉起來，
呼～風吹走了一張號碼牌，
請你幫我看看，
是幾號不見了？

看起來好像是紅色的
號碼牌不見了，
你可以幫我找找看
是幾號不見了嗎？

如何玩得難一點

增加抽掉的牌卡張數。當序列中數字中斷的越多，對孩子來說越困難，因此抽掉撲克牌時，建議可以嘗試先抽掉一張，再逐漸增加抽掉的張數。例如：1-2- □ - □ -5-6 與 1-2- □ -4- □ -6 的序列相比，只中斷一張即出現數字提示的後者（序列：1-2- □ -4- □ -6）就比較簡單喔！

增加花色順序。當序列中不僅需要考慮數字順序，還需考慮花色順序時，資訊整合難度變大幅提升，1 ～ 10 因爲從 3 歲甚至更小就開始「聽」家長數，故要記起順序並不難，加入花色整合順序，並且給予牌面上的視覺提示，遊戲便可增加「邏輯推理的元素」喔！

序列上可以看到一個完整的圖案順序，故家長可以帶著孩子一起看「黑桃」的後面是什麼花色呢？ 5 接下來的數字又是誰？我們一起來找喔！

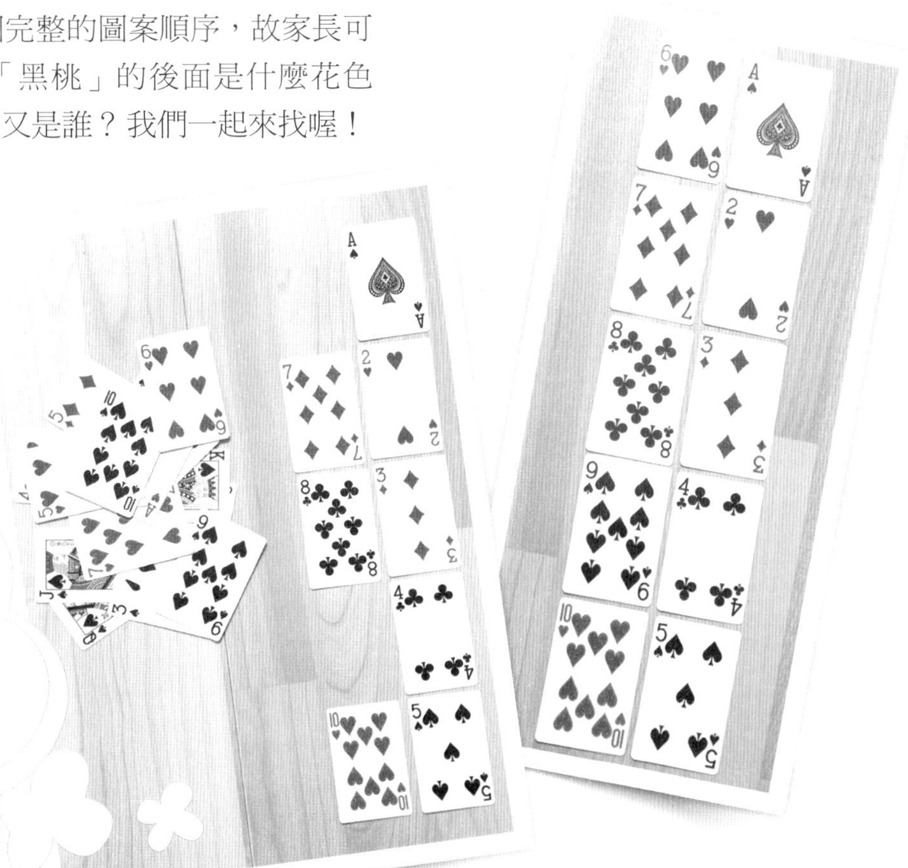

黑桃 1、紅心 2、鑽石 3、梅花 4、黑桃 5、？、鑽石 7、梅花 8、？、紅心 10，請你幫我看看號碼牌上的圖案要按照「黑桃、紅心、鑽石、梅花」的順序，被風吹走的號碼牌，到底是什麼圖案的數字幾呢？

肢體與情緒練習

這個遊戲需要孩子們擁有明確的數字順序概念以及視覺搜尋能力，面對遊戲經驗較少的孩子，不妨考慮將抽走的牌放在牌堆中明顯處，甚至取出 3 ～ 5 張，詢問孩子「不見的是哪一張呢？」減少視覺干擾，降低遊戲難度，讓孩子熟悉序列、增加數字的順序感，再行增加遊戲難度。

約莫 5 歲的小朋友可以進到遊戲的最後階段——增加花色順序的挑戰！此時需要孩子們具備初步的資訊整合能力。透過前 5 張卡牌的花色序列，進一步推理出缺口的花色與數字，這樣的觀察與推理練習，對於小朋友緊接著要面對小學認知推理問題，能夠奠定良好的基礎，並且累積解決問題的勇氣與經驗。

堅持度高的孩子比較容易卡在數字的區辨中，容易找對數字但忘記顧及花色而產生挫折，抑或是因爲對數字熟悉而覺得無聊想跑走，此時家長可以試著跟孩子說「你找對號碼囉！但可以看一下他們是排在這個售票窗口的嗎？還是隔壁窗口的呢？」倘若孩子因爲遊戲簡單想跑走，則可以趕快進入邏輯整合的難度中，增加小朋友動腦的機會，堅持度高的孩子通常喜歡動腦筋，當遊戲比較有挑戰，孩子們的參與意願也比較高喔！

隨性衝動的孩子則比較容易因爲需要思考而打退堂鼓，一方面任意作答，透過錯誤的過程，獲得大人的幫忙，或是直接提供答案，久而久之便養成「隨性猜題，等待支援」的習慣，進而閃避需要思考的問題，只陶醉在衝跑或拿取的過程。當大人逐漸抽掉提供的協助，便會發現孩子努力 2 ～ 3 次，就覺得累或懶得想，進而想終止遊戲。這時需要家長的鼓勵，並且將遊戲難易度做一些搭配，例如：兩次需要在牌堆中翻找的，搭配一次答案在牌堆中最上方的。透過不同難易度穿插進行，延長孩子們的遊戲持續度與專注力。試著陪孩子一起面對挫折，而非選擇逃避，甚至假裝挫折沒有發生。

視覺
專注力遊戲

遊戲難易度

★★★★☆

遊戲分齡建議

3 歲 ～ 5 歲

準備材料

① 彩色小雪花片
② 一條線

忙碌的售票亭

大家開心的吃完晚餐後，
好心的管理員伯伯決定安排一場「露天電影」，
需要大家購票進場，管理員伯伯收到好多不同顏色的錢，
眼睛都花了，要麻煩小朋友來幫管理員伯伯
數一數到底收到多少錢喔！

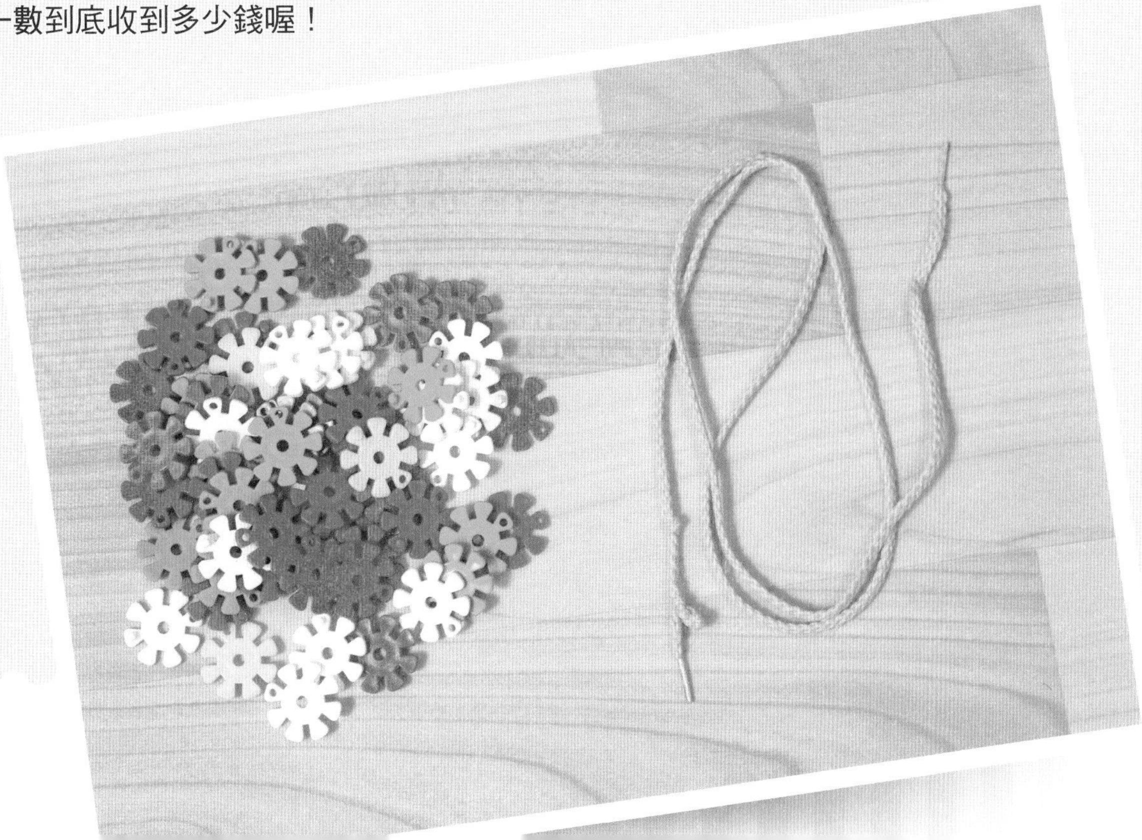

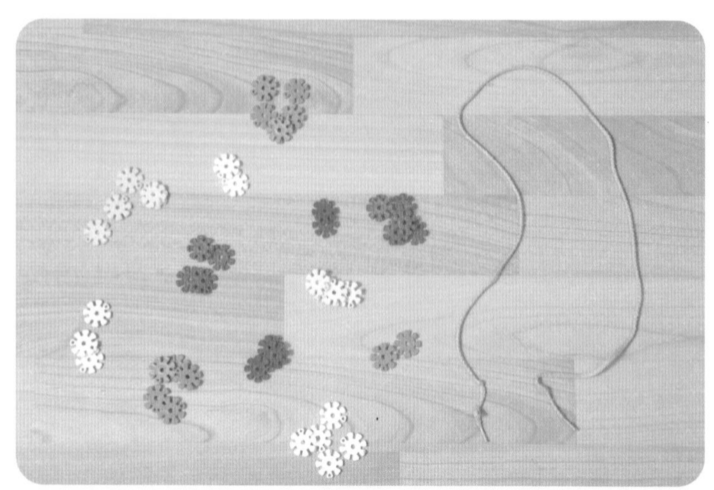

Step ①

先讓孩子將小雪花片**依據不同顏色分成數堆**，每一堆的數量不一定要一樣。

Step ②

接下來請孩子用線，**將不同堆的雪花片串起來**（無須將相同顏色全部串完再換顏色）。

我們已經把每個人付的錢都分開囉！現在要請你幫忙把收到的錢，一筆一筆串到線上，這樣才知道大家有沒有少付錢喔！

Step ③

完成之後可將雪花片綁在兩個罐子之間，接著就請孩子來幫管理員伯伯**從頭依序數一數**，第一個客人付了多少紅色的錢呢？第二個客人付了幾個白色的錢？接著第三個客人又付了多少黃色的錢？

如何玩得簡單一點

- **顏色整理**。在第二個步驟串雪花片時，可讓孩子按照顏色順序，依序將同顏色的雪花片串起。例如：紅色一堆串完、再串黃色一堆……以此類推。
- **更換放置位置，並且將物件分開**。將串好的雪花片，放置在桌面上，讓孩子實際用手指頭數一數，倘若依然無法完成點數，則可以把串起的雪花片分開，讓孩子能夠確實一一點到每個雪花片，進行數數。

肢體與情緒練習

原始遊戲讓小朋友把不同堆的雪花片一一串起，一方面練習靜態手眼協調，一方面也讓 3 ～ 4 歲的孩子，確立穩定的顏色辨識與數量理解能力。所以建議家長控制每一堆雪花片不超過 5 個，讓小朋友有機會練習簡單的點數，並且利用完整的視覺提示，將數字與數量做連結。

當孩子對於數數失去耐心時，可以將雪花片串改放在桌上，比起將雪花片串懸掛起來，當物品放遠時，孩子們需要更專心的用眼睛盯著雪花片；當物件置於眼前，手指與眼睛配合點數，視覺專注的挑戰自然降低些。

難度增加的過程，因爲孩子多了一個步驟要完成，不僅挑戰孩子的視覺專注力，還多了雙項任務的注意力切換。因爲多了切換的需求，孩子可能會有容易忘記自己數到哪一個顏色，或者是數完低頭記錄時，不小心寫錯或記錯的情形。

抬頭看掛起來的雪花片串，再低頭拿的過程，其實就像孩子在教室中上課需要抬頭看黑板，再低頭抄筆記或看課本的情境模擬，整個遊戲包含了整合能力、數量概念、視覺搜尋與視覺記憶的挑戰，爲孩子準備未來所需的學習專注力。

不論是**堅持度高的孩子**，還是**隨性衝動的孩子**，都需要家長先將速度放慢、數量簡化，確定孩子擁有成功的經驗，再增加難度。否則，遊戲的挫折往往出現在數量誤差，或是序位錯亂，甚至是做完抬頭看的時候，忘記自己剛剛看到哪裡，而亂掉想放棄，這些挫折都建立在已經有少數完成且正確的雪花片串中，不妨試著鼓勵孩子「你前面做得很好耶！是不是有一點亂掉？我陪你一起找找看，我們做到哪裡了？」陪著孩子一起檢查、對照，延長孩子的持續度與完成度，也能同時累積良好的挫折忍受度喔！

如何玩得難一點

增加任務複雜度。針對年紀大一點的孩子，我們可以試著增加任務做變化！例如：請孩子依序用眼睛點數雪花片數量後，用彩色鉛筆及紙張，將數量記錄下來。如果孩子還不會寫數字，也可以讓孩子以疊相同積木數量來代替。

例：「紅紅紅紅藍藍紅黃黃黃綠綠綠綠綠藍」的雪花片串，轉換寫成「421351」。

交替性專注力挑戰。針對 5 歲的孩子，可以試試將不同顏色的雪花片穿插串好並掛起，請孩子做出相同的錢幣串。

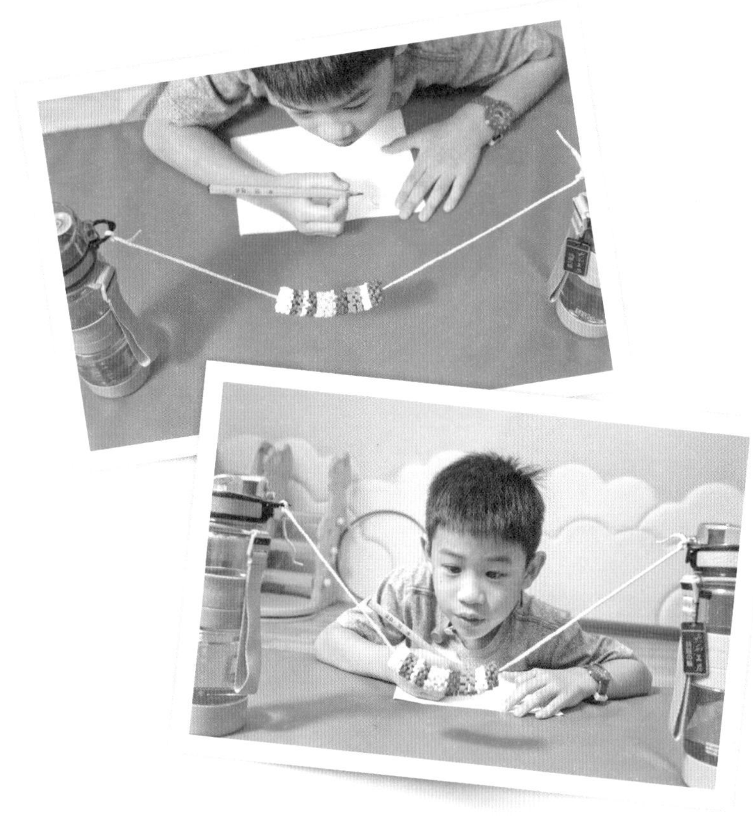

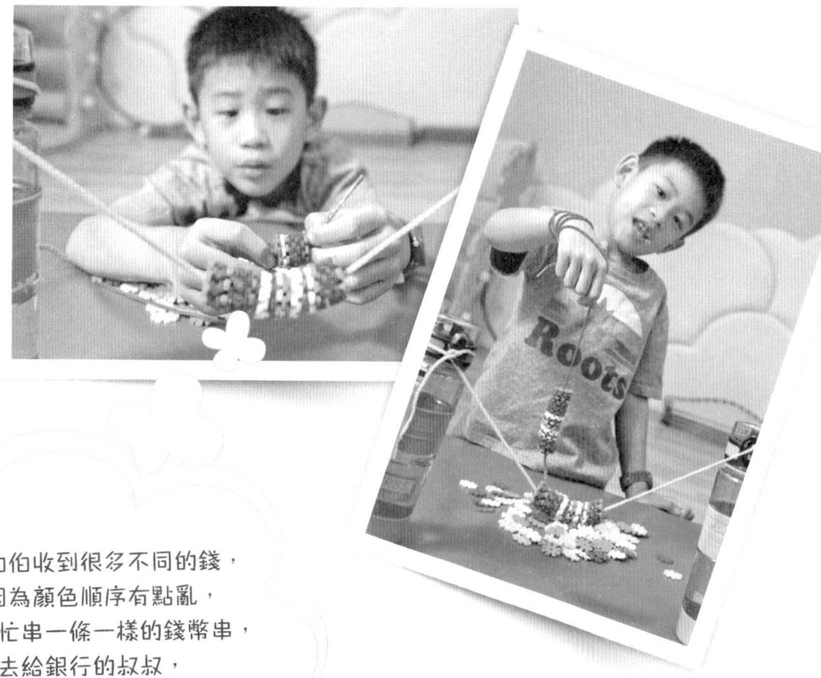

管理員伯伯收到很多不同的錢，
但是因為顏色順序有點亂，
要請你幫忙串一條一樣的錢幣串，
帶去給銀行的叔叔，
幫忙算今天賺了
多少錢喔！

視覺
專注力遊戲

9

遊戲難易度

★★★★☆

遊戲分齡建議

3 歲～5 歲

準備材料

① 各種不同的動物貼紙或印章
② 一張迷宮
③ 一張白紙
④ 彩色圓點貼紙

小小動物飼養員

來體驗當一日動物飼養員吧！動物園午餐時間到囉！
要請小朋友看著手上的動物園地圖，
把動物點的餐點，送給牠們吃喔！
親愛的動物飼養員，你會不會跟著動物園地圖，
找到動物的家，並且給牠們正確的餐點呢？

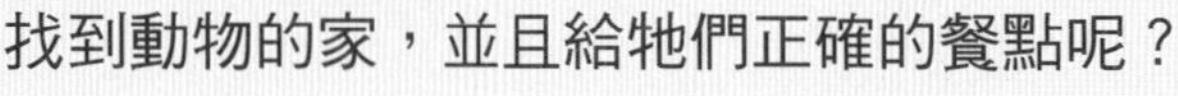

Step ①

可以挑選一張簡單的迷宮，先陪著孩子找出正確的路線，接著在這條路線上，沿路**貼上不同的動物貼紙**，完成動物園地圖。

Step ②

另外拿出一張紙，貼上每一隻動物**對應的彩色圓點貼紙**，記錄動物們要吃的餐點。

Step ③

接著就可以請孩子沿著迷宮，對應另一張紙上的點餐紀錄，將**圓點貼紙貼在動物旁邊**，完成動物飼養員的任務！

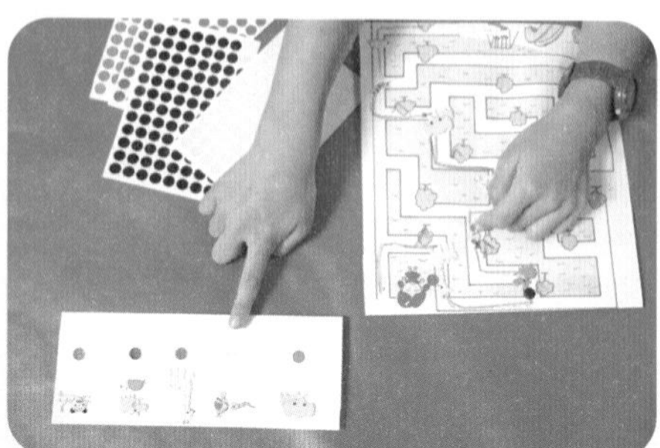

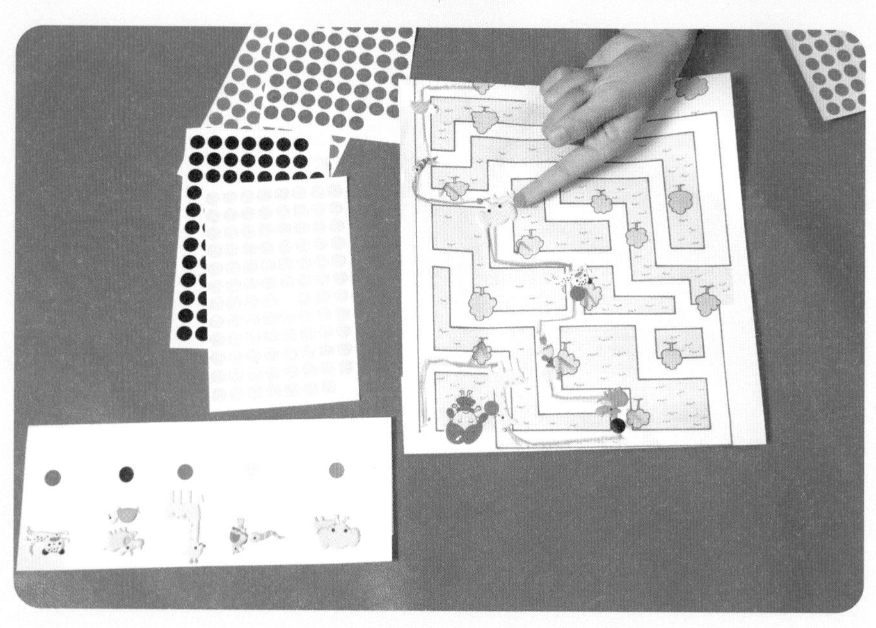

如何玩得簡單一點

- **減少動物數量並且縮短對照距離**。當左右對照的過程，容易讓孩子混亂時，可以試試讓孩子先將每一種動物貼紙貼在地圖空白處，並且拿點餐紙，將所對應的餐點顏色直接記錄在地圖紙上，縮短來回對照的距離，孩子只需要眼睛稍微往紙張上方移動，便可以找到動物的指定餐點，有效增加正確送餐的成就感。

你的手上是動物園地圖，要請你找到正確的「遊園路線」，把動物點的午餐送給牠們。有些動物因為很餓，所以會跑到路上騙你，要小心不要走錯路被騙喔！

如何玩得難一點

- **獨立走迷宮，並且隨機判斷所需餐點**。在沒有引導正確路線的情況下，將動物貼紙任意貼在地圖各處，在一邊找出正確的路線走到出口的同時，還要一邊對照動物點的餐點貼紙。
- **增加數量及情境變化**。對於數字與數量熟悉度較高的孩子，可以在遊戲中增加動物餐點數量的變化，讓孩子除了找到路線，在送餐點的部份，增加邊貼邊數的機會。反應較快的家長，還可以增加即時情境轉換，在孩子對照點餐紀錄的同時，加入突發情境，例如：肚子痛、肚子餓、頭暈、剛吃過點心……等情境。

接下來是到美洲獅子區嗎？獅子今天特別餓，所以牠想多吃一份（若原本是 1 份紅色餐點，則情境加入後，應貼上 2 張紅色圓點貼）；接著走到畜牧區看到趴在地上休息的綿羊，原來綿羊肚子痛才剛好，醫生交代牠要吃少一點，所以要少一份餐點（若原本是 3 份藍色餐點，則情境加入後，應貼上 2 張藍色圓點貼）

肢體與情緒練習

走迷宮需要視覺追視能力，眼睛沿著路徑走，如果中途分心了，很容易走岔或是不知道自己走到哪裡，因此設計家長先帶著孩子找到正確路徑的步驟。家長一起找正確路徑的過程，可以示範「走錯路，回頭嘗試對的路」，讓孩子知道大家都會有走錯的時候，走錯沒關係，再試試其他路線就好。

年紀較大或能力較好的孩子，則可以自己嘗試不同的迷宮路線，並且在遇到動物時，再回頭參照點餐紀錄，然後完成送餐。這個過程包含視覺對照、持續專注、視覺記憶以及數量概念。過程中除了走錯路的挫折，還有可能發生對照時看錯餐點的，抑或是沒注意到數量和沒聽清楚情境的意外。

不論是堅持度高的孩子還是隨性衝動的孩子，面臨上述的挫折，都可能產生情緒。

堅持度高的孩子面對雙重任務時，可能執著在迷宮路徑中，或是圓點貼的位置及數量，而無法顧及另一個任務的執行。此時，需要大人直接告知答案或直接示範，打破孩子的堅持，讓孩子順利走至下一站，例如：孩子卡在岔路口，遲遲不前進，則大人可以直接引導對的路線往下走，直到遇到下一隻動物，然後請孩子幫忙看看該動物要吃什麼顏色的餐點。當遊戲可以順利進行下去，孩子執著的時間便會逐漸縮短。

隨性衝動的孩子則可能因爲選錯路線的挫敗，而決定亂跳或是不管路線的規範。此時可以帶著孩子的手，一起走向正確的路徑，並且將大人的手指停留在點餐的動物上，請孩子參照點餐紀錄，拿取正確的圓點貼，完成送餐任務。針對延伸玩法的數量與情境，大人可以試著放慢敘述情境的速度，在情境重點「加重音」，並且在孩子進行點數的同時，跟孩子一起「數出聲音」，增加孩子完成任務的正確性與成就感！

視覺
專注力遊戲

10

遊戲難易度

★★★★★

遊戲分齡建議

3歲～5歲

準備材料

① 紙　② 筆
③ 四色（立方）積木

搶救動物園大作戰

哇！糟糕了！糟糕了！這幾天下雨淹水，
把動物園的圍欄都沖壞了，
需要你趕快來幫忙把圍欄修理好，
不然動物要跑光光了！

遊戲步驟

Step ①

家長可以隨意在紙上寫上一列數字（1 ～ 4 隨機排列），方向也不拘，**完成圍欄設計圖**。（如果想要用電腦設計也沒問題！）

Step ②

四種顏色的立方積木各拿一個，並且將其**分別對應一個數字**。（1：紅色、2：黃色、3：藍色、4：綠色）

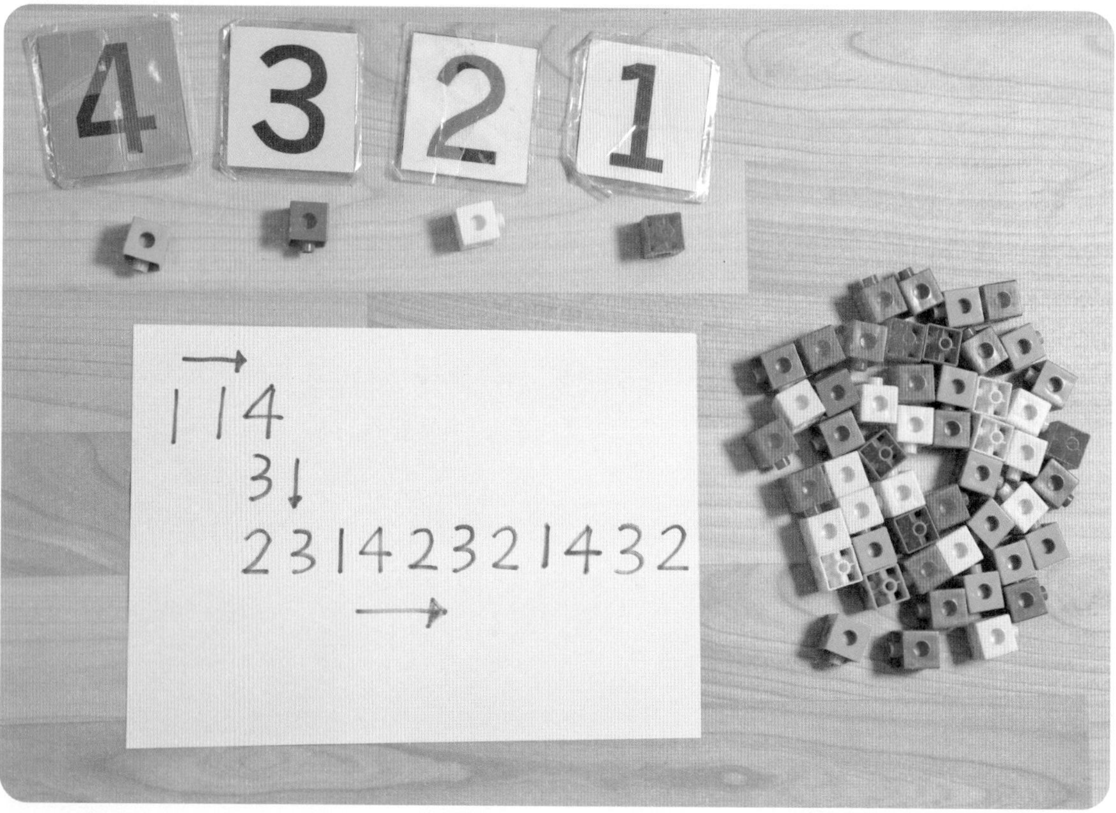

Step ③

接下來請孩子依據設計圖，**看著數字排列的方向，完成圍牆**。如果孩子忘記數字代表的顏色，就帶著孩子再看一次積木的排列順序，數一數1、2、3、4分別代表什麼顏色。

如何玩得簡單一點

- **縮短數字序列並且改為單一方向設計**。當設計圖的數字短一點以及直線排列不轉向，少了 2 度空間轉換的需求，難度自然降低許多，比較不會忘記自己做到哪一個數字了，直線的數字也比較不會讓孩子迷失方向。
  如：2341324331

肢體與情緒練習

遊戲過程需要孩子們的視覺整合能力，看著數字的位置和相對應的顏色，在視覺焦點左右轉換的過程中，小朋友可能會有錯置的情形，忙亂之餘出現的氣餒情緒，可以由家長帶著孩子一起對照設計圖，再接著將設計圖完成。面對無法完成的挫折，可以讓孩子先從「仿拼」開始練習，由家長先做好圍欄，再由孩子看著成品做出一樣的。

堅持度高的孩子可利用視覺記憶的優勢，嘗試不需看號碼對照表執行任務，倘若過程中有突然忘記的狀況，則可以提供三次求救機會，增加遊戲的趣味性。

隨性衝動的孩子則可能出現次序錯亂的情形，一下覺得 2 是藍色，一下又覺得 2 是黃色，猜測、碰運氣的狀況層出不窮，此時需要家長陪著孩子按部就班的裝好至少 5 個積木，「看一個號碼，對照顏色，拿到指定顏色積木，並且按位置裝好。」這樣的過程，比較容易延長隨性的孩子的專注力。

難度提升的加減概念玩法，包含視覺追視、視覺記憶、數字加減認知概念的挑戰，挑戰的過程，比較容易產生挫折，但也提供較高的成就感，如果孩子有嘗試的意願，可以試著跟孩子一起將「正確密碼」拿筆寫下，再依著新的正確密碼，完成圍欄。多步驟遊戲的嘗試，可以提升孩子們的耐心與細心，累積解決問題的經驗。

如何玩得難一點

取消視覺提示。當我們將「號碼告示」的立方積木收掉，孩子們便需要自己記住每個號碼代表的顏色！這個部分需要的是經驗，或許一開始需要思考的時間較長，但一旦開始進行，熟悉幾次後，其實大部分的孩子，都可以順利記起來喔！

加入加減的概念。針對設計圖上的數字，增加不同的加減條件，例如：看到1表示要加1；看到2表示要加2；看到3表示要減2；看到4則表示要減1。

啊！設計師說這次請到迷糊工讀生，
把顏色代碼看錯了，
所以設計圖上的數字有誤，
要請你幫忙訂正喔！
設計師說正確的密碼是：
看到1表示要加1，看到2表示要加2，
看到3表示要減2，
看到4則表示要減1。

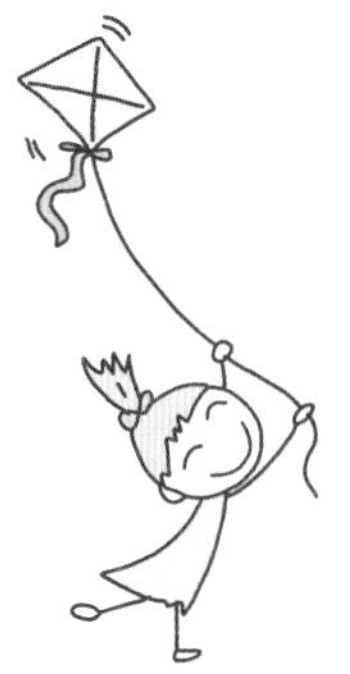

CHAPTER

4

聽覺專注力遊戲

2～3歲的寶貝們聽覺能力正逐漸成熟中，能夠聽懂完整的句子，並且試著努力表達自身的需求。這個時期，**家長可以利用不同的語句描述，增加孩子們聽的經驗，進而使孩子們將聽過的語言，逐漸內化為自己可以使用的語句**，這樣的內化過程，需要孩子們擁有絕佳的聽覺專注力。搭配互動式的情境對話，增添孩子們良好的互動能力，學會如何表達自己遇到的問題或困難，尋求協助。

3～5歲是孩子們第一次脫離家庭，進入大團體的時間，互動技巧和因果關係的理解是這個年紀的首要發展項目，**學會聽完指令、聽出語氣、表達感受是孩子們在幼兒園最重要的技能**，理解各項事務的因果關係，不論是規則與遊戲，還是規則與秩序，都是孩子們需要仔細聆聽處理的。聽覺專注遊戲設計了數與量的理解，不同聲音的區辨，搭配不同代表人物的需求，讓孩子們練習記住資訊、處理資訊後，並作出回應。理解他人之餘，再藉由情境引導，帶著孩子表達需求與情緒，聽與說的相輔相成，能夠降低孩子面對認知挑戰的緊張感，進而擁有良好的解決問題能力。

聽覺
專注力遊戲

1

遊戲難易度

★★☆☆☆

遊戲分齡建議

2 歲～3 歲

準備材料

① 洗澡海綿或毛巾

捏泥巴大隊洗澡趣

連續好幾天都沒下雨，動物身上都是泥巴，
聞起來好臭喔！可以請你幫牠們洗洗澡嗎？
因為小動物不喜歡隨便亂搓，
所以要請你記得聽管理員叔叔的指示，
才知道洗的部位順序喔！

Step ①

讓孩子準備海綿或毛巾，**聽家長指令**搓搓膝蓋、脖子。

管理員叔叔說，
大家的膝蓋都好髒，
請先搓膝蓋三下，
1、2、3，接著再換肩膀，
這次要搓五下，
1、2、3、4、5。

溫馨小提醒

指導語看似簡單，但要讓 2 ～ 3 歲的孩子聽指令行事，其實是件很不容易的事，建議可以從他們最熟悉的身體部位開始，並且以「請你跟我這樣做」的形式，讓孩子們熟悉聽指令與動作模仿的過程，再進一步進到「純口語」的指令理解。增加孩子們對於規則遵守的意願。

如何玩得簡單一點

將抽象的身體部位改成熟悉的詞彙。身體部位不一定是孩子們熟悉的詞彙，但一般動物命名，或許是孩子們比較常聽到的遊戲角色，如果孩子對身體部位還不熟悉，可以邀請家中的絨毛娃娃一起參與，也可以不用洗澡海綿或毛巾，準備幾個容器當作澡盆或浴缸，請孩子帶娃娃來浴缸泡澡就可以。

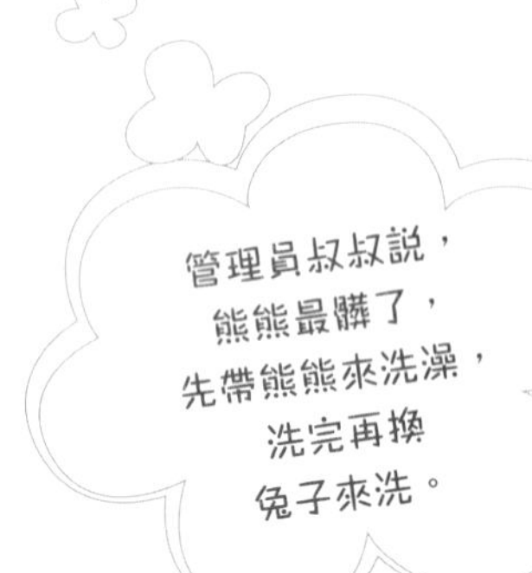

肢體與情緒練習

這是一個能夠增加身體部位感知的遊戲，**堅持度高的孩子**往往不喜歡跟人有太多身體上的接觸，透過遊戲讓孩子接觸到不同觸感的洗澡工具，試著降低觸覺敏感的不適。**隨性衝動的孩子**對於身體的碰觸較為鈍感，容易在互動時出現力道過大的問題，造成誤會和衝突，透過遊戲豐富孩子的觸覺刺激，滿足部分的感覺需求，讓孩子能夠較為穩定的聽完後續指令。

孩子們從模仿動作的視覺依賴，進一步轉換至確實聽懂的指令理解，事實上需要一定的耐心，家長不妨觀察當你不做動作時，孩子是否能夠聽清楚洗的部位或是對象，從中瞭解孩子是聽到了，但是不願配合？還是根本沒在聽？

堅持度高的孩子比較常發生因為在想自己的事情而完全沒聽到他人的言語，這時會需要你跟孩子設定一個默契，例如：「接下來換誰洗呢？或是接下來要洗哪裡呢？」聽到這兩句話，孩子就知道要看你的眼睛，才能聽到接下來要完成的任務。

隨性衝動的孩子比較常發生「聽到了，但懶得配合」的情形。這時會需要你不厭其煩地跟孩子說：「哇……不是輪到他耶！你帶錯人了，趕快帶他回去換」或是「哇……你洗錯地方了！不是先洗那裡耶！這樣洗不乾淨，我們要再洗一次。」讓孩子知道做錯了沒有關係，但你會陪著他找到對的，只是一直重複好麻煩，我還是認真聽一下要做什麼好了。

遊戲也可以搭配洗澡的時候一起玩，在孩子們最開心的洗澡時光，加入數數的過程，讓孩子熟悉數字，以利三歲後導入點數的概念。

如何玩得難一點

增加成員與部位的搭配。當家裡有很多成員時，可以讓每個成員自己選擇扮演一種動物，讓大家圍成一個圈圈，指令就可以做些複雜的搭配。

大家一起去幫大熊（成員 a）搓手手，現在換長頸鹿要洗脖子（成員 b）。

2

香蕉同樂會

遊戲難易度

★★★☆☆

遊戲分齡建議

2 歲～3 歲

準備材料

① 樂器
（可以是鈴鼓、三角鐵、桌鈴或是任何可以發出聲音的東西）
② 印泥
③ 紙張

洗完澡了！小猴子好想要吃香蕉，可是動物園的獸醫先生說：
一天只能吃三根香蕉，不然會肚子痛，但是小猴子的朋友實在太多，
只好趁醫生叔叔睡著的時候趕快去多登記一些給大家分，
請問你們可以當小猴子的幫手嗎？
醫生叔叔會看紙張上的手印，
決定今天要準備幾根香蕉給小猴子喔！

Step ①

需要一個長形的空間，例如：走廊。將印泥置於一端，紙張置於另一端，請孩子**站在紙張的那一側**。

Step ②

由家長扮演醫生叔叔，仿 123 木頭人的方式，讓孩子往前走，但**聽到吵醒醫生睡覺的「鈴聲」就要暫停**，偷偷跑到醫生叔叔旁邊將手指蓋印泥，再跑回紙張側，將手印蓋在紙張上。

準備好了嗎？我們要去幫
小猴子登記香蕉囉！
睡著的醫生叔叔聽到「鈴聲」會起床，
叔叔起床的時候你千萬不能動，
不然會被發現喔！
摸到印泥後趕快跑回來蓋印章，
登記的香蕉才會變多喔！

Step ③

遊戲結束後，引導孩子數數看**有幾個手指印**。

如何玩得簡單一點

拍打桌鈴時，可以配合大叫「醫生叔叔起床囉！」

搭配口頭提醒「拍打鈴聲的意義」＝「醫生叔叔起床」，相當於在提醒孩子要記得停下來。孩子可能會在偷偷摸摸的過程，忘了有醫生叔叔的存在，在雙重任務同時執行的情況下，家長可以試著簡化過程，利用不同的口頭提示，提高任務成功率以及遊戲動機。

如何玩得難一點

增加樂器的種類，增加指令複雜性，也同時練習聽覺區辨。

增加不同的樂器配合不同的指令，小朋友需要記的東西變多了，在執行任務的同時，需要注意的細節也變多，所以孩子們需要更專心，同樣的，完成任務的成就感自然也更大喔！

剛剛我們說聽到
「ㄉㄧㄥ ㄉㄧㄥ ㄉㄧㄥ」的聲音
不能動對嗎？！等一下如果聽到
「ㄎㄧㄤㄎㄧㄤ ㄎㄧㄤ」聲音，
叔叔不是只有醒來而已，他會起來巡邏，
所以你要趕快趴下才不會被發現喔！
所以「ㄉㄧㄥㄉㄧㄥㄉㄧㄥ」
不能動，
「ㄎㄧㄤㄎㄧㄤㄎㄧㄤ」
要趕快趴下，記起來了嗎？

肢體與情緒練習

整個遊戲的過程，包含觸覺刺激、聽覺區辨、指令理解及衝動控制的挑戰。

堅持度高的孩子面對無法成功按到印泥，或是沒有變成木頭人而亂動被抓到，經常會有情緒反應，面對孩子們的情緒，可以先同理孩子希望成功的心情，對孩子說：「我知道你很想要成功按到印泥，但是差一點點對嗎？我們從近一點的地方開始，加油，這次一定可以成功！」讓孩子知道，雖然第一次嘗試失敗，試著挑戰下一次就好。如果可以，家長不妨在下一次放水，提供孩子一次成功的經驗，讓孩子擁有繼續挑戰的自信，再逐次跟孩子說明「你剛剛有忍住沒有動，但是忘記「ㄎㄧㄤ ㄎㄧㄤ ㄎㄧㄤ」的聲音要做什麼了，我們說「ㄎㄧㄤ ㄎㄧㄤ」的聲音叔叔會起來巡邏，所以要記得趴下對吧？」利用不同的說明，讓孩子對於指令與任務的理解越來越明確，孩子情緒反應就會逐漸減少喔！

隨性衝動的孩子面對失敗比較容易有放棄的念頭，當孩子因爲沒忍住或是不小心忘記停住而失敗時，難免會想直接放棄而跑走，這時不妨直接中斷遊戲，跟孩子說：「那我們來看看香蕉的數量夠了沒？哇哇，少一根香蕉，你趕快再去按一下印泥，幫我蓋一個章。」這次孩子奔跑的過程「不要」加入鈴聲。利用遊戲情境與動作持續來延長孩子的專注度，並且將焦點擺在「完成」小猴子的需求。比較隨性的孩子，因爲對於「任務完成」的執著性較低，做事情、玩遊戲比較容易抱持著「隨便」的心態，所以需要較爲密集的口語提醒與回饋。隨著孩子們的完成度增加，再逐漸降低回饋的頻率，並且改以提問的方式提醒孩子思考一下「不同指令搭配的指示爲何？」擁有思考的過程，孩子們才會有自行記得的可能。

3

假日野餐趣

遊戲難易度

★★★★☆

遊戲分齡建議

2 歲～ 3 歲

準備材料

① 多種顏色的圈圈或不同樣式的巧拼墊
② 小球
③ 籃子（可以裝小球的容器）

忙碌的週末過後，
難得動物園放假一天，
今天天氣很好，
我們一起帶動物們去農場散步，
順便摘些牠們愛吃的水果吧！
你們想跟小兔子一組，
還是跟羊咩咩一組呢？
聽聽看牠們想去哪一個農場
摘什麼水果喔！

Step ①

在地上擺放巧拼或圈圈，巧拼及圈圈之間的距離，需要是孩子**可以跳躍或跨越的距離**。

Step ②

孩子帶著籃子出發，引導孩子**跳進指定顏色的圈圈內或巧拼上**，若成功可以給一個相同顏色的球，放進籃子裡。

小兔兔想要先去紅色的草莓農場
採草莓，可以請你帶牠去嗎？
（小朋友成功判斷跳入紅色圈圈中）
叮咚叮咚（給孩子一個紅色的球）
恭喜你們成功採到草莓囉！
接著牠要去綠色的芭樂農場採芭樂。
（小朋友成功跳入綠色圈圈中）
叮咚叮咚（給小朋友一個綠色
的球）這是你們這次摘的芭樂喔！

Step ③

最後一起數數看，摘到幾顆水果呢？

哇！你們看水果掉了滿地，
要請你們幫我把水果撿起來，
小兔子說想要先找蘋果，
（孩子撿起紅色球）叮咚叮咚～成功！
接著想吃香蕉，（孩子撿起黃色球）
叮咚叮咚～成功！啊～牠還想吃藍莓，
（孩子撿起藍色球）叮咚叮咚～成功！
最後還有芭樂，（孩子撿起綠色球）
叮咚叮咚～成功！

如何玩得簡單一點

簡化任務，只留下不同顏色的球。

若孩子沒有辦法停下來「聽完」指令，可以試著把小球灑在地上，讓孩子手持籃子，聽指令並撿起指定顏色的球，投入大型收納容器中即可！

簡化任務，辨別不同指令。

若孩子對於顏色及水果的認識較少，可以跟孩子一起認定一個祕密基地，並且告訴孩子如果聽到「下雨了」，就要趕快躲到祕密基地；如果聽到「雨停了」，就可以趕快跑出來撿水果喔！

如果淋到雨，會感冒喔！
所以如果聽到「下雨了！
下雨了！」要請你趕快
躲起來喔！如果聽到
「雨停了！雨停了！」
就可以趕快出來撿水果
回祕密基地給兔子吃。

羊咩咩說牠今天忘記
吃早餐，所以現在好餓喔！
一個水果可能不太夠，
牠想要吃蘋果和芭樂，
要請你把兩種都摘回來喔！
謝謝你！

如何玩得難一點

增加指令複雜度，一次給予兩種以上的水果。

當孩子需要記得的種類變多，難度便會自然增加。此外，倘若把指導語和故事情境描述拉長，孩子的聽覺耐性也需要跟著延長，才能避免沒聽到重點就分心放空的情形發生。

同時執行兩個任務

搭配兩隻以上的動物執行任務，孩子負責一隻，家長負責一隻，則孩子需仔細聆聽，本次出發摘水果的動物是誰？自己是否需要出發？要摘的水果又是哪兩種？對於孩子來說，要先記得指定任務的責任歸屬，然後還要記得指定物品，多重任務的挑戰，難度又更高了！

媽媽是兔媽媽，
你是羊咩咩喔！兔媽媽
要先去摘香蕉和藍莓
回來給猴子客人吃。

A籃子是兔子的，B籃子是
羊咩咩的。「兔子說牠想吃蘋果，
但是羊咩咩想吃藍莓。」
要記得摘回來要放對
籃子喔！不然牠們會
不知道那是牠們的。

肢體與情緒練習

遊戲的過程中，爲了提高遊戲動機與任務成功率，建議先從簡單的單一指令開始，並且帶著孩子一起跳入正確的農場或撿起正確的水果，當孩子能夠正確理解遊戲玩法，再讓孩子自行挑戰，並且依著孩子的熟悉度，逐漸增加故事性，延長句子長度，進一步增加孩子們聽到正確語句邏輯的機會。遊戲難度提升的過程中，孩子們則需要辨別該指令是否爲自己該執行的任務。

堅持度高的孩子容易執著在第一個聽到的指令，而忽略第二個任務，導致任務失敗。孩子們的執著容易放錯重點，例如：聽到小兔子肚子餓，便開始聊牠爲什麼不多吃一點飯，而忽略任務重點是找到指定水果。面對拿錯或沒聽到產生的情緒，往往需要家長停下來幫孩子們做「步驟分析」，例如：想要知道兔子想吃什麼需要先聽到兔子的名字對嗎？聽到兔子的名字後，需要注意聽牠想吃什麼水果？接著要記得哪兩種水果，然後趕快去把它拿回來！所以，接下來請你注意聽「兔子」出現了沒？接著家長在出題時，可以嘗試在指定「動物」以及「想吃的水果」時刻意加重音，讓小朋友先練習「聽到重音」的內容，才能確保孩子不會掉進天馬行空的情境中，可以專心的完成任務。

隨性衝動的孩子看到球難免興奮，在過程中因爲「記不住」或「懶得想」，而直接拿取「想要的球種」，接著面對大人的提醒與指正，顯得沒耐性或是想跑走。此時，不妨告訴孩子們「兔子說牠有點累了，再出發一次就要休息、喝水、吃水果囉！」接著帶孩子走到最後一個農場，進行本階段的收尾，以中場休息的方式，延長孩子的遊戲持續度，並且進行下一個回合，讓孩子雖有「跑走」之實，仍行「遊戲進行中」之名，讓遊戲分段完成，別忘了在遊戲開始時就先跟孩子們講好「摘到幾個水果」就是「完成」，然後在過程中持續帶著孩子一起數數看，收集到幾個果實了，讓孩子有越來越接近目標的成就感。

4

遊戲難易度

★★★★☆

遊戲分齡建議

2 歲～ 3 歲

準備材料

① 方盒和圓桶（兩種不同的容器）
② 動物公仔或圖卡
③ 空寶特瓶兩個 ④ 米或豆子
⑤ 孩子可以操作的麵包夾或茶葉夾

下雨怎麼辦？

天氣突然變天了，原本的大太陽突然烏雲密布，
好像快要下雨了！本來開心野餐的動物們要跑去躲雨，
可是牠們實在太想玩了，所以如果只是毛毛雨，
牠們想要躲在旁邊的樹下就好；
但如果下大雨，牠們就會跑到房子裡喔！
現在要麻煩你帶牠們去躲雨，不然小動物生病了，
動物園就無法開門給小朋友參觀了。

Step ①

將米或豆子放入寶特瓶，**一瓶裝多，一瓶裝少**，搖一搖，試看看是否能區分兩瓶的聲音大小。

Step ②

當搖「多」的寶特瓶時，引導孩子用麵包夾把動物一隻一隻夾到方盒內；當搖「少」的寶特瓶時，則將動物夾至圓桶內。

注意聽喔！這是大雨的聲音
（搖豆子量多的罐子），
下大雨的時候動物要躲到房子裡面；
這是毛毛雨的聲音（搖豆子量少的罐子），
下毛毛雨的時候，帶小動物去樹下躲雨。
要記得用夾子，不然跟小動物靠太近
或是抓太緊，牠不小心咬你一口就不好了！
動作要快一點喔！動物們淋到雨，
可能就要看醫生了。

Step ③

最後跟孩子一起檢查看看，是不是有動物需要去看醫生？還是全部躲雨成功了呢？

如何玩得簡單一點

降低工具使用的難度。將遊戲調整為靜態的方式進行，減少動態移動對孩子產生的干擾。

孩子坐著分辨聲音大小，將動物夾到不同的容器中；如果使用的是「動物公仔」，可以將它們放在大碗公裡，讓孩子用湯匙撈起來放到不同的位置，例如：保鮮盒是有屋頂的房子，盤子是有葉子的樹下。

增加聲音差異。可以利用增減豆子的量，或改變容器材質，讓兩個容器的聲音差異增加，例如：使用寶特瓶及鐵鋁罐，讓孩子更容易區分毛毛雨與大雷雨的不同。

如何玩得難一點

遊戲進行中增加指令。可以在遊戲行進間突然改變聲音，例如：毛毛雨（小）→大雨（大）→毛毛雨（小），觀察孩子是否能在執行任務的同時，注意到其他的聲音訊息。

因為雨會忽大忽小，
找到動物同伴之後，
去躲雨的路上，要請你仔細聽「最後的聲音」
是毛毛雨還是大雷雨，
如果雨的大小突然改變，
要帶牠們到對的地方躲雨
才不會淋溼呦！

肢體與情緒練習

這個遊戲可以練習孩子們的手眼協調能力，增加工具使用的經驗，並且搭配分散式專注力的訓練。在聽到指令之後，需要擁有敏銳的聽覺敏感度，辨別聲音的差異，做出適當的判斷，並且記得兩個條件對應的指定地點，再利用穩定的身體控制，用夾子將動物帶到指定地點。過程中，難免有動物掉了，或是帶錯地點的情形發生，當孩子開始頻繁的出現錯誤或看起來失去耐性，而出現跑走、放棄的行為，不妨轉換情境，告訴孩子們「**哎呀！雨太大了！一隻一隻帶太慢了，我也一起幫忙，我們把牠們裝進背包裡，直接帶牠們一起去躲雨！**」接著跟孩子一起將全部的動物裝進包包中，再一起將包包中的動物，倒進盒子裡，利用「倒出來」的凌亂氛圍，讓孩子重新喜歡上遊戲，開心的回到遊戲中。

堅持度高的孩子比較容易執著在有沒有確實夾好的過程，但其實家長可以直接拿起另一支夾子，示範夾一隻動物到目的地，並告訴孩子「你看，這樣也可以帶牠們去躲雨耶！」此外，堅持度高的寶貝們，多半不容易分辨「聲音差異」，只在乎有聲音和沒聲音，就如同生活中家長的提醒，孩子們對於「音量與語氣」也沒有太多的敏感度，導致家長在提醒的過程，會有怒火逐漸上升的情形。因此，面對聽覺敏銳度低的寶貝們，家長不妨試試「不同材質」的罐子、「大幅落差」的數量，讓孩子先確實分辨聲音的不同，再逐漸減少差異，增加敏銳度。

隨性衝動的孩子對於不同目的地往往不太上心，覺得有躲雨就好，去哪裡躲不重要，而容易出現忘記「大聲和小聲分別去哪裡？」的問題，此時，如果又被提醒或是獲得負面回饋，孩子們很容易放棄。與其直接告訴孩子「不對喔！牠不是要去那裡躲喔！」不如給孩子台階下，在他前往錯誤目的地的同時，提醒孩子「**你是要去幫我看看小動物們有沒有冷冷嗎？你手上的那隻動物好像不是要去那裡喔！你需要再聽一次嗎？**」透過即時的更正，與合理化他的失誤，減少孩子惱羞成怒的機會，增加任務執行的成就感與自信，提高孩子完成遊戲的意願。

5

遊戲難易度

★★★★★

遊戲分齡建議

2 歲～3 歲

準備材料

① 兩個紙盒
② 綠色色紙或卡紙數張
③ 哨子　④ 剪刀

動物園開飯囉！

結束開心的野餐假期之後，今天動物園正常上班啦！
羊咩咩和長頸鹿跟小朋友玩了一整天，肚子都要餓扁了，
羊咩咩喜歡吃地上的嫩草，長頸鹿卻喜歡吃樹上的葉子。
動物一起跑來吃，讓管理員有點忙不過來，
只好用哨子提醒牠們「輪到誰吃晚餐囉！」
小朋友一起來聽哨子的聲音，如果是長長的哨音，
那就要從高高的樹上摘樹葉給長頸鹿吃；
如果是短音的哨聲，則是從地上撿青草嫩葉給羊咩咩吃喔！

Step ①

利用色紙或卡紙，剪下葉子數片。

Step ②

在紙盒上割出一條長長的縫，**大小要可以使葉子投入**。

Step ③

分別在紙盒上**貼上羊咩咩及長頸鹿的圖案**，讓孩子清楚的區別。

Step ④

將長頸鹿的盒子放在高的平臺，羊咩咩的盒子放在較低的平面上。

Step ⑤

吹一長哨音表示「長頸鹿吃飯囉！」吹一短哨音表示「羊咩咩吃飯囉！」

你們聽喔～如果風很大，哨音吹很久，
樹葉會從樹上飄下來給長頸鹿吃喔！
如果風只吹一下下，就只能吹起
草地上的樹葉給羊咩咩吃喔！
你聽聽看吹的是狂風還是微風呢？
(引導孩子聽哨子聲音，
把葉子投入相對應的鞋盒裡)

Step ⑥

結束後，引導孩子**倒出盒內的葉子**，看哪一隻動物吃的葉子比較多，可以優先吃你爲牠準備的冰淇淋喔！

如何玩得簡單一點

降低聲音的複雜度。若孩子較難辨識哨音的長短，可以試試看以「聲音是否中斷／聲音數量」做區別，例如：快速拍手 5 下／拍手 1 下，聲音會更單純，也因爲拍手時可以搭配視覺提醒（看著媽媽拍一下或很多下），所以多了一個處理訊息的提示。

增加聽聲音前的口頭提醒，抓住孩子的注意力。遊戲的前半段，在吹完哨子後，可以直接說「哇～這一次的哨音好長喔！是高高的樹還是低低的青草呢？」長短的定義皆示範過後，再讓孩子自己聽看看。

我要吹哨子囉！
注意聽聽看這一次
是高高的樹葉，
還是低低的青草喔！
(接著將哨音的長短做
明顯 10 秒 / 1 秒)

如何玩得難一點

給連續指令或增加指令長度。例如：兩長音代表要餵兩次長頸鹿，一長一短表示要先餵長頸鹿，再餵羊咩咩，一短一長則表示要先餵羊咩咩，再餵長頸鹿，將遊戲加入聽覺記憶的部分，能力好的寶貝，也可以試試 3 個哨音搭配喔！

注意聽喔！
這次有三隻動物可以
吃到葉子，到底是誰
來排隊呢？
(接著吹長音 / 長音 / 短音)

肢體與情緒練習

這個遊戲需要的能力比較多，包含手眼協調——將樹葉投入紙盒中、聽覺區辨——判斷哨聲的長短決定樹葉給誰，以及聽覺記憶——記得誰先吃。孩子們需要先理解哨子的聲音，長長的哨音，是會把樹葉吹下來，樹葉是給長頸鹿吃的；短短的聲音，只會吹起草地上的樹葉，草地上的要給羊咩咩吃。

當孩子們漸漸出現「猜」或是「沒聽完」就跑掉的情況，可以試試中場休息的模式，告訴孩子們「我覺得牠們好像都吃很多了耶！你手上那一片想送給誰咧？我們來看看牠還吃不吃得下。」暫時撇除對錯，讓孩子把葉片送給他喜歡的動物，藉此延長孩子的遊戲參與度！

堅持度高的孩子容易執著在你剪的葉子怎麼大小不一樣？或是陷入自己設定的情境中，例如：我是管理員，所以我說長頸鹿比較想吃；抑或是綿羊不乖，現在不能吃。類似這樣的情形，堅持度高的小朋友容易轉移話題，或是堅持自己接續出來的情境，而無法完成任務。這時，可以順著孩子的情境 1 ～ 2 次，再將故事接回我們原來的故事中，例如：喔～原來長頸鹿剛剛跟你說牠很餓是嗎？所以牠還需要兩片是嗎？那你先拿去給牠，可是你聽！啊！綿羊寶寶在哭了，趕快趕快，我需要你幫我拿一片給牠！

隨性衝動的孩子倘若因為挫折而失去遊戲耐性，可以跟孩子說「可是剩兩片葉子耶！幫我送完好嗎？不然動物沒吃飽，肚子餓可能會哭哭耶！」堅持度高的孩子對於「完成度」也會有所執著，所以利用「吃飽了」來鼓勵孩子，並協助他完成最後帶動物回家的步驟，再接著跟他說「謝謝你的幫忙喔！牠們都吃飽不會餓肚子了！」

遊戲的最後，別忘了讓孩子參與「倒出葉子」這個步驟，這個年紀的孩子們最喜歡「倒」、「撒」、「亂」，讓他們先參與開心弄亂的過程，比較容易專心的跟你一起數長頸鹿和綿羊各有幾片樹葉喔！

聽覺
專注力遊戲

6

遊戲難易度

★★☆☆☆

遊戲分齡建議

3 歲～5 歲

準備材料

① 可以發出聲音的物品
（桌鈴、鍋子、杯子、鈴鼓…等）
② 大小或顏色不同的圈圈（當作柵欄）
③ 動物模型或卡片

動物喜歡的聲音

奇怪？柵欄裡怎麼都沒有動物咧？
原來因為遊客太多，動物們都躲起來了。
還好動物管理員很厲害，知道動物們喜歡什麼聲音，
當動物聽到自己喜歡的聲音就會跑出來。
聽聽看這次要帶誰出來跟小朋友見面喔！

Step ①

將動物分別**放進小圈圈及大圈圈**裡，小圈圈的動物喜歡桌鈴聲，大圈圈裡的動物喜歡鈴鼓聲。

動物們在柵欄裡睡覺，
聽到敲鈴鼓的聲音，
大柵欄的動物會起床；
如果聽到桌鈴的聲音，
小柵欄的動物會起床喔！

Step ②

家長開始**利用不同物品發出聲音**，請小朋友判斷是哪一個柵欄的動物會起床呢？

注意聽喔！
這個聲音，
是會把哪些動物
叫醒呢？

Step ③

聲音與柵欄配對成功，就可以從該柵欄選一隻動物，回到小朋友自己的農場裡玩喔！

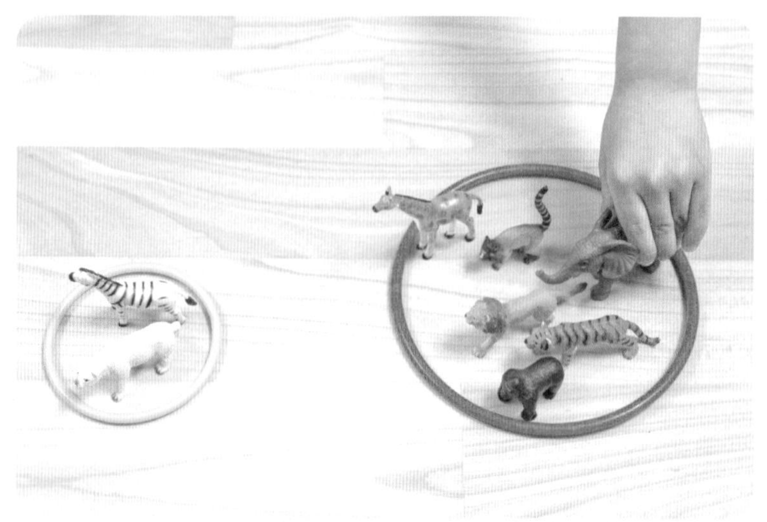

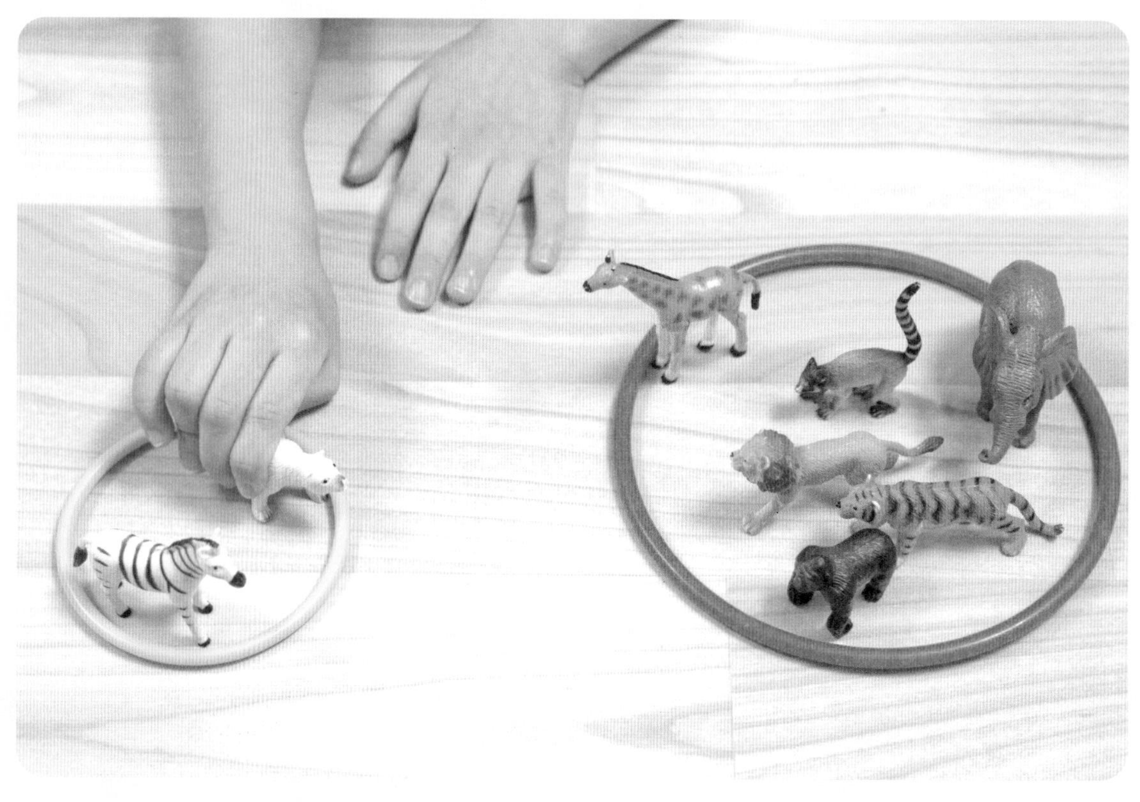

如何玩得簡單一點

- **改變聲音的節奏快慢或長短**。如果孩子對聲音的敏感度不高，則可能無法區辨不同聲音的差異。可以改爲使用同一種聲音（如：拍手或桌鈴），讓孩子分辨「連續且快速」的聲音與「停頓且緩慢」的聲音。

如果聽到很吵很快的
「叮叮叮叮……」，
要去叫小柵欄裡的動物
起床跑步喔；
如果是很慢的聲音，
像大象走路一樣慢的
「叮…叮…叮…叮…」，
就可以叫大柵欄裡的動物
起床運動囉！

肢體與情緒練習

孩子們在日常生活中經常出現「叫名字聽不到」的情形，一方面是因爲對家長交代的事情不上心，一方面則是對聲音的敏感度較低，所以開心的在自己的世界中遊戲。面對聲音的辨識，可以試著先用「反差較大」的聲音種類，讓孩子可以輕易地分辨出不同，並且搭配不同動物群的記憶，增加遊戲成功的機會，再行增加難度。

堅持度高的孩子通常是「有聽到但不覺得自己該應聲」，所以遊戲中也可能發生「有聽到，但我這次就是想帶另一隻動物回農場」的情形，堅持按照自己的喜好，深怕自己喜歡的動物被別人帶走，而無視遊戲規則。家長可以試著以「這次先帶大象回去，等一下再來帶你最喜歡的獅子，趕快喔！你的獅子在等你，趕快先讓大象回去。」

衝動隨性的孩子通常是「沒聽到人家在叫他」，所以遊戲中可能因爲分心而沒聽到明確的聲響，家長可以在遊戲初期，讓響鈴時間拉長些，再隨著孩子的成功次數增加，逐漸減少響鈴次數。讓孩子漸進式的練習「觀察出題者」及「隨時專心聽。」

遊戲中，不同的鈴聲挑戰孩子的聽覺辨識能力，鈴聲搭配不同柵欄裡的動物則需要搭配孩子們的記憶力，不固定頻率的發出聲響，則挑戰孩子們的持續性注意力，透過觀察出題者的表情和動作，預期聲音是否即將出現，保持良好的專注力，面對每次的挑戰。

如何玩得難一點

- **增加聲音複雜度與動物群體**。增加聲音的種類與圈圈（柵欄）的數量。將動物們放在不同的圈圈裡，每個圈圈的動物都有自己喜歡的聲音，因爲聲音的種類變多了，可以讓孩子決定不同的柵欄，分別是什麼聲音喔！

我們來聽聽看每一個柵欄裡的
動物都設定什麼聲音呢？記清楚之後，
要請你去幫我叫牠們起床喔！
第一個是鼓聲，第二個是蛋沙鈴的聲音，
第三個是鈴鼓聲，第四個是敲鍋子的聲音，
第五個是桌鈴喔！仔細聽聽看，
是誰要跟你回去你的農場玩呢？

- **挑戰競賽模式**。加入競賽的氛圍，會增加孩子思考的時間壓力，當孩子思考的過程不同步，就有可能因爲看到他人舉手而顯得慌亂。
- **增加次序性**。能力好的孩子，家長可以先拍鈴鼓、再搖蛋沙鈴，請孩子判斷要先叫誰起床，再叫誰起床，請孩子按照先後順序，將動物帶回自己的農場一起玩。

注意聽喔！
聽聽看這是什麼聲音？
最先聽出來的舉手回答，答對了
就可以把動物帶回自己的農場，
最後看誰的農場小動物最多，
就可以獲得最多
開幕獎金喔！

聽覺
專注力遊戲

7

超級外送員

遊戲難易度

★★☆☆☆

遊戲分齡建議

3 歲～ 5 歲

準備材料

① 立方積木
② 動物模型或卡片

最近流感盛行，動物的媽咪不敢讓小動物去超市買冰棒，
只好請 Uber eat 幫忙，外送員今天有點忙，
需要你的幫忙，可以請你幫忙外送小動物的冰棒嗎？
記得！動作要很快才不會融化，
謝謝你的幫忙喔！

Step ①

將大量的立方積木裝在容器中（商店）裡，放置於路徑的末端。

Step ②

指定動物要吃的冰棒口味，請小朋友聽完動物點餐之後，到商店將**不同口味的冰塊做成一支冰棒**，再帶回來請小動物吃喔！

大象要點餐囉！
牠想吃藍莓、草莓
和香蕉口味的冰棒，
趕快去幫牠做冰棒吧！

Step ③

做好之後就可以把冰棒帶回動物園囉！如果忘記了，可以回到動物園，再問一次大象想要什麼口味的冰棒呢？

如何玩得簡單一點

- **減少口味數量**。如果孩子的聽覺記憶習慣尚未建立，無法記得太多口味，可以先嘗試減少口味種類。

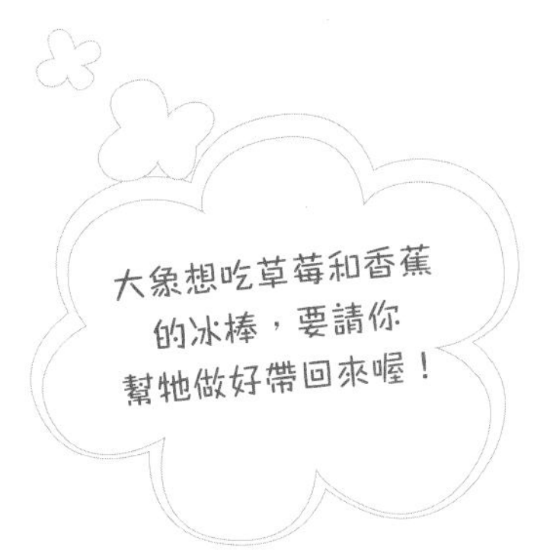

肢體與情緒練習

原則上聽覺記憶的部分，七歲以前，幾歲就可以記幾種口味。把指令聽完並且將任務記住是需要練習的，大部分的孩子，因爲家長會不斷的提醒，所以容易有「只聽第一個或最後一個」的習慣，抱持著「反正家長會再說好多次」的心態，影響聽覺專注的表現。

在指定口味時，如果小朋友容易混淆或記錯，可以試著省略「口味」二字，單純說水果名稱即可。孩子尚未養成聽完記住的習慣前，不斷重複聽到「口味」，容易在回憶內容時，只對「口味」二字有印象，但實際是什麼口味，早已拋諸腦後。

倘若加入序位的挑戰，需注意小朋友在過程中是否需要協助，如果能夠確定聽到的 3 ～ 5 種口味，只是單純序位問題，可以請孩子先將指定口味的冰塊都先帶回動物園，將冰塊先放在起點的盒子（冰箱）裡（指導語：我先幫你冰起來，你聽聽看長頸鹿想先吃什麼？），請孩子再聽一次口味順序，聽完後再將冰塊從冰箱拿出來做成冰棒。

遊戲難度可以調整單一冰塊的顆數，或是口味的種類。遊戲的過程，務必記得提醒孩子「全部聽完才出發」或是「全部聽完再開始做冰棒」，「全部聽完才動作」挑戰孩子的聽覺專注及記憶，加入不同的情境描述，調整冰塊的顆數或口味種類，則挑戰孩子們的語意理解能力，有手足的或是個性比較自我的寶貝們，不妨加入合作完成的玩法，讓孩子們練習分配工作與討論，並且在被交付不同任務的同時，挑戰孩子的選擇性專注力，確定孩子在團體中能夠專心一意，不會因爲對方沒有看著自己，就出現發呆恍神的情形。

如何玩得難一點

加入序位概念。請小朋友按照聽到的口味順序將冰棒完成，會增加聽覺記憶的難度，孩子不但需記得三顆冰塊分別是哪些，還需要記得聽到的順序，而非最後聽到的先做，其他的再慢慢湊。

大象這次有指定口味順序，
牠想先吃香蕉，再吃草莓，
最後吃藍莓，要記清楚喔！
不然萬一口味不對，
牠只好把冰棒請別人吃了。

增加同伴及任務分配。加入其他家人，大家一起去商店，購買任務就需要分配一下囉！可以由大人分配任務，年紀稍長的，可以由夥伴自行討論，每個人負責什麼口味，不要記錯囉！

長頸鹿想要 1 顆草莓、2 顆藍莓
還有 1 顆香蕉口味的冰棒，
A 負責草莓口味、B 負責藍莓口味、
C 負責香蕉口味，
記住自己的口味，
最後再一起把三種口味完成喔！

遊戲難易度

★★★☆☆

遊戲分齡建議

3 歲～5 歲

準備材料

① 紙杯 3～5 個　② 錢幣
③ 桌鈴（可以發出聲音的物品）

調皮的土撥鼠

調皮的土撥鼠把剛剛付給商店老闆的錢給偷走了，
靈活的牠拿了錢之後，就鑽進洞裡躲了起來。
因為怕被抓到，牠在地底下挖了好多個洞，
在洞穴裡跑來跑去，不過洞裡面都有掛桌鈴，
所以只要牠跑到下一個洞穴，就會「叮」一聲，
請你幫老闆聽聽看土撥鼠把錢藏在哪一個洞穴呢？

如果你聽到
「叮」一聲，
就表示土撥鼠跑到
隔壁洞穴囉！要請你注意聽，
土撥鼠移動數次後，
把錢幣藏在哪裡咧？

Step ①

準備 5 個杯子倒扣在孩子眼前，**整齊的排成一排**。

Step ②

示範土撥鼠移動的線索，**拍一下桌鈴**，土撥鼠就會往旁邊（固定方向）走一步。

Step ③

請小朋友轉過身去，將**錢幣藏進其中一個杯子裡面**，即可開始遊戲。

土撥鼠
現在把錢藏在洞穴
裡面囉！

Step ④

敲 3 下桌鈴後，詢問小朋友「土撥鼠把錢藏在哪個洞穴裡面呢？」

注意聽！
土撥鼠把錢錢
藏在哪裡呢？

Step ⑤

請孩子選定洞穴後，可以**打開杯子看看**是否有錢在裡面喔！

如何玩得簡單一點

- **增加視覺提示幫忙**。邊聽鈴聲邊移動視線對 3 歲的孩子比較挑戰，家長可以請孩子先練習把手放在起點杯子上，帶著孩子用手指頭一起數，聽鈴聲移動手的位置，每「叮」一聲，手指頭就往右移一格，打開手指最後停留的杯子，看看裡面是否有錢幣，成功就可以把錢幣帶走喔！。

土撥鼠把錢藏好囉！
手先放在第一個杯子上，
聽到「叮」一聲，
手就移到下一個杯子，
看看土撥鼠最後
藏在哪裡呢？

老闆請的捕鼠大隊實在太厲害了，
土撥鼠很緊張，所以兩個方向
都會亂跑，聽到「叮」一聲表示
牠往右邊走了一步；
聽到「叮叮」兩聲表示
牠往左邊跑回來，聽聽看牠到底
跑到哪裡去了呢？

如何玩得難一點

- **增加方向變化**。單一方向的鈴聲搭配對於 4 ～ 5 歲的小朋友較爲容易，確定孩子的視線能夠依著鈴聲移動後，便可以加入不同的方向性，例如：「叮」一聲是往右移動一步，「叮叮」連續兩聲是往左移動一步。
- **改變排列方式，由直線轉為圓圈**。圍成圓圈的視覺效果，比較容易產生干擾，孩子們不但需要分一些專注力去聽鈴聲，還需要分一半的專注力去移動視線，加上移動方向會改變，孩子很容易在繞圈時出現位置錯亂的情形，家長可以試著將移動的次數維持在 5 次以內，以利孩子建立成功經驗。

肢體與情緒練習

要成功幫老闆把錢找回來，需要小朋友有效的整合聽覺專注與視線移動，一開始的畫面看起來應該蠻可愛的，看著孩子聽到一聲鈴聲，頭就點一下，提示自己已經換到下一格，搭配明確的記憶與區辨能力，才能在鈴聲停下時，確實指出最後的位子。

搭配視覺提示，可以有效減輕孩子的專注力負擔，減少挫折的產生，當孩子可以順利跟上鈴聲的速度，再增加難度或鈴聲數量，倘若家長自己會遺忘出題的過程，記得拿筆記下，給自己一些提示，以免跟孩子核對時，無法拍出一樣的鈴聲喔！

隨著對遊戲的熟悉度逐漸增加，可以試著以幽默輕鬆的方式，鼓勵孩子嘗試移除視覺提示，或是挑戰圓形的排列方式，藉以增加孩子抽象思考的經驗，過程中或許會有卡關的情形，家長可以放慢鈴聲速度，確認孩子的目光已經完成該鈴聲的移動後，再拍下一個鈴聲。

面對往左、往右的方向性，年紀小的孩子可能還不太知道哪邊是左，哪邊是右，可以提供孩子認識的目標物，確立移動方向，例如：聽到一聲是往皮卡丘的方向移動，聽到兩聲是往水箭龜的方向移動。減少左右邊的混淆，以利孩子將目光迅速的搭配鈴聲轉移。

聽覺
專注力遊戲

9

參觀馬戲團

遊戲難易度

★★★☆☆

遊戲分齡建議

3 歲～5 歲

準備材料

① 4 顆不同顏色的氣球
② 橡皮筋

老闆為了感謝你幫他把錢找回來，決定送我們參觀馬戲團的票，
馬戲團的小猴子正在練習晚上的默契表演，用不同顏色的氣球，
搭配主持人的指令，展現牠們聰明又靈活的一面，
牠們的手舉起來又放下來的樣子，像極了波浪舞，
你也來一起加入吧！

Step ①

將不同顏色的氣球充氣後，使用橡皮筋綁輕鬆的**將氣球套在小朋友的手跟腳上**。

Step ②

動作能力較好的孩子可以選擇站姿；平衡能力稍差的孩子則可以選擇躺下。

Step ③

家長接著開始唸預先寫好的指令。建議家長可以**先把指令寫下來**，以免唸指令時打結。
（例如：紅色舉起來，黃色舉起來，黃色放下來，藍色舉起來，紅色不要放下來，藍色不要舉起來，黃色舉起來，綠色放下來。）

等一下要請你
注意聽我說什麼，
不同的顏色要舉起來
還是放下來，
要仔細聽清楚喔！

如何玩得簡單一點

- **減少氣球數量**。如果孩子處理訊息時仍須觀望哪顆氣球是什麼顏色，則表示對孩子來說，4 顆氣球的訊息量太大，可以先將氣球數量減少成 2 顆，讓孩子先熟悉指令的節奏，再增加氣球數量。
- **減少指令複雜度**。原本的指令包含「雙重否定」的詞彙，需要孩子「仔細聽！」如果發現孩子對於「要／不要」搭配「放下來／舉起來」容易混淆，可以試著簡化給予的指令，可以先單純使用「放下來／舉起來」的指令就好，速度也可以順勢放慢，帶孩子熟悉 4 顆氣球的位置後，再行加快。

如何玩得難一點

- **減少視覺提示的幫忙**。如果孩子能夠跟上指令速度，則可以請小朋友進階挑戰，請小朋友把眼睛閉起來，如此一來，不僅要聽清楚指令，還要記得不同顏色氣球的所在位置，才能順利完成默契大考驗的任務。

肢體與情緒練習

這個遊戲的玩法類似大人團體的破冰遊戲「紅旗／白旗」，對孩子們來說，能夠跟家長一起完成一套演出（指令），是非常有成就感的，尤其是**隨性衝動的孩子**，平常可能因爲比較粗心，所以容易出錯被指責，能夠正確完成一套指令，對孩子來說是莫大的鼓舞，終於擺脫「不聽話」的罵名，是非常棒的正向回饋。

指令唸述的過程，通常會漸漸的產生節奏感或韻律感，孩子如果能夠覺察不同的節奏韻律，則表示孩子們的聽覺專注正逐漸進步中，正確的理解指令，也與語意理解及細心度有關，最後搭配動作執行，則需要良好的聽覺與動作整合能力，整個遊戲的過程，包含了趣味性及親子互動的元素。歡樂的氛圍，比較不會讓孩子覺得出錯沒面子，累積面對失敗的勇氣，勇敢的說出「再一次！」

10

氣球的密碼

遊戲難易度

★★★★☆

遊戲分齡建議

3 歲～5 歲

準備材料

① 氣球數顆（8～10 顆）

馬戲團表演馬上就要開始囉！
團長準備了好多氣球要送給大家，
讓大家在看表演的時候
可以拿起來揮舞，
想要氣球的小朋友，
趕快來找團長玩遊戲吧！

Step ①

先由孩子在 1 ～ 10 之間**選出 2 ～ 3 個喜歡的數字**。

Step ②

再由家長跟孩子討論這 2 ～ 3 個數字**對應的動作**。（例如：2 是用手拍掉氣球，5 是頭頂氣球，8 則是閃過氣球，其他的都是接住氣球。）

Step ③

接著由家長**任意喊 1 到 10 之間的數字**，每唸一個數字就拋出一顆氣球。

Step ④

孩子需以聽到的數字，判斷如何處理氣球。除了**指定動作的數字**之外，聽到其餘的數字，需要將氣球接住。

Step ⑤

家長身邊的氣球全數丟完，遊戲就結束囉！
跟孩子一起算算他**成功獲得幾顆氣球**吧！

要請你注意聽我喊的密碼喔！
如果聽到 2 要用手把氣球拍掉，
聽到 5 要用頭把氣球頂開，
聽到 8 就表示氣球要爆炸了，
要趕快閃開，其他的幸運數字，
要把氣球接住，
是團長要送你的氣球喔！

如何玩得簡單一點

- **降低指令複雜度**。如果孩子無法記得那麼多動作，可以降低指令難度，將需要動作的數字減少，或是將大部分的數字，設定爲孩子熟悉的動作。
- **按順序念數字**。當家長按照順序念數字，孩子可以預期並準備下一個動作，則聽覺專注的需求減少，即使孩子分心，都還可以用記憶力補救。

要請你注意聽喔！
你拿到的號碼牌是5號，
如果聽到5就表示團長
要把氣球送給你，
所以要把氣球接住；
但如果是其他數字，
就把它們都拍掉喔！

如何玩得難一點

- **增加指定動作的數字**。如果小朋友的動作協調能力不錯，可以試試手腳並用，例如：1用手拍、3用頭頂、5用腳踢、7要閃開，其餘接住。家長依然隨機唸數字，孩子需要提高專注度，確實記住任務指令並提前做好準備，才能成功挑戰喔！
- **增加氣球方向的變異性**。當孩子熟悉不同數字對應的動作後，家長可以改變丟氣球的方向，不再將氣球朝著孩子的方向丟，除了挑戰孩子的視覺追視能力之外，也可增添遊戲的趣味。孩子們跑來跑去的過程，容易因爲過嗨而漏聽數字，或做錯動作。如果孩子在開心的情緒中，仍能夠做出正確的指令，則表示孩子擁有良好的專注力及自我控制能力。

肢體與情緒練習

遊戲的過程中，親子都需要將數字及指定動作記清楚，偶有家長記錯的情形，可以降低孩子在遊戲初期的緊張感，隨著熟悉度漸增，逐漸增加指定動作的過程，可以讓孩子們擁有一定程度的成就感，對於出錯的接受度也會自然提升。

隨性衝動的孩子可能會陸續出現混淆或是臨時改動作的情形，可以試試放慢速度，或是縮小數字範圍，提示孩子「下一個數字會比 3 小喔！你先想一下可能要做什麼？」確定孩子的專注力在出題者身上，再行宣讀數字，隨著成功率逐漸提升，再慢慢加快速度，或是提供孩子思考的時間，如：「如果你還沒有想好，可以先把氣球往上拍，想到了再做動作，但是氣球不能落地喔！」

堅持度高的孩子則比較容易出現動作不協調的情形，因爲動作反應時間較長，所以「做的跟想的不太一樣」，明明想的是對的，手腳卻不聽使喚，而出現不想承認失誤的情形。遇到這樣的情形，家長可以試著把氣球拋高，增加孩子的反應時間，同時給予口頭提醒，如：「趕快想一下，5 號是要用手還是腳呢？想好再動作喔！」當孩子逐漸熟悉動作指令，便會自然縮短反應所需時間，此時再加上拋球方向的改變，孩子才能樂在其中，笑聲不斷喔！

數字概念是 3 ～ 5 歲的孩子正努力學習的認知能力，聽數字、記動作的過程，需要大量的聽覺專注與聽覺記憶，搭配不同的對應動作，則需要大腦整合聽覺資訊，再協調動作控制區，完成動作。

CHAPTER

5

指令理解與邏輯推理遊戲

針對 4 歲以上的孩子，我們可以加入邏輯轉換的任務，在這些任務中，孩子需要理解複雜指令，並且在處理資訊後執行。讓中大班的孩子，練習聽懂老師所給予的任務指令，為未來的國小生活做準備。因此，我們將邏輯推理遊戲的引導式指導語，改為任務指令，讓孩子有機會想一想，不同的指令代表要完成哪些任務呢？

1

猩猩園區的新鑰匙

遊戲難易度
★★★★☆

遊戲分齡建議
4 歲 以上

準備材料
① 彩色雪花片或積木

唉呀！猩猩園區的管理員好煩惱呀！
大猩猩們在玩耍的時候，
不小心把新的鑰匙踩壞了，
還好管理員叔叔在櫃子裡找到舊的備用鑰匙，
小朋友，可以請你幫忙按照設計圖，
重新打造一把新鑰匙嗎？

Step ①

首先爸爸媽媽可**隨意組合一段雪花片**當作舊鑰匙！（如：紅黃藍黃紅綠白藍藍）

Step ②

在桌上排列出**製作「新鑰匙」**的設計圖。（原本舊鑰匙的雪花片顏色順序爲：紅黃藍綠白。製作新鑰匙的時候，需將紅的雪花片改爲白色雪花片、黃的雪花片改爲綠色雪花片，以此類推。）

X

（錯誤密碼）舊鑰匙：紅 藍 黃 綠 白

O

（正確密碼）新鑰匙：白 綠 紅 黃 藍

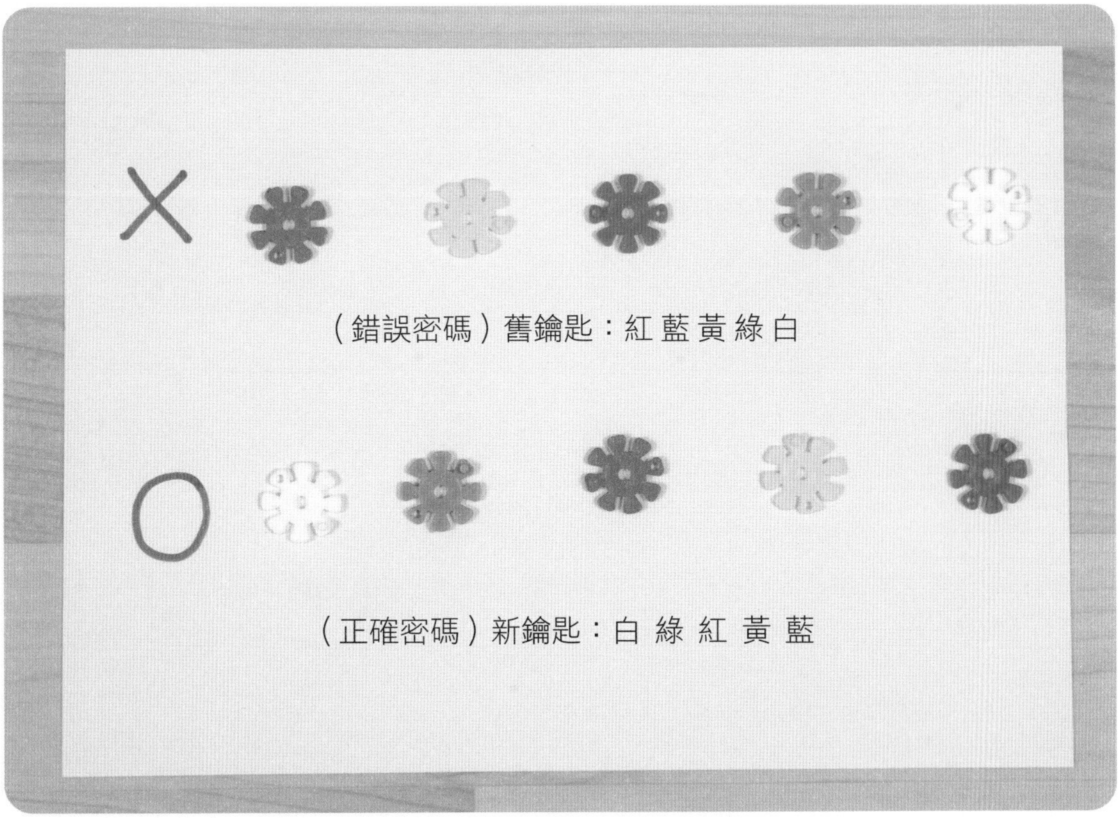

Step ③

接著將組裝好的舊鑰匙（雪花片）交給小朋友，再讓小朋友對照著設計圖，將**舊的備用鑰匙轉換成新的鑰匙**！

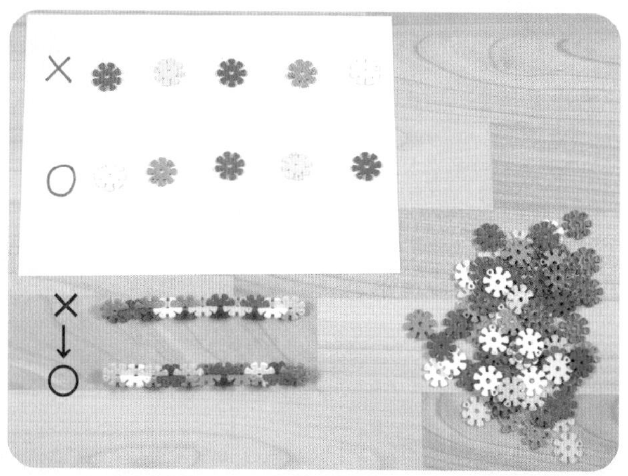

如何玩得簡單一點

- **拆解雪花片**。如果孩子在舊鑰匙、新鑰匙上下對照時，出現混淆的狀況，建議家長可以將串好的雪花片拆開，分別一個一個排好之後，再陪著孩子以手指頭輔助，一邊指一邊進行對照，就能夠幫助孩子完成轉換喔！

如何玩得難一點

- **反向邏輯推理**。如果孩子輕鬆破關，那就來點不一樣的！請孩子拿著新的鑰匙，反向推理，做出舊鑰匙的模樣吧！

管理員叔叔剛剛
一時之間搞不清楚，
放在桌上的新鑰匙，
該對照哪一把舊的備用鑰匙了！
要麻煩小朋友幫忙
告訴管理員叔叔
備用鑰匙的樣子喔！

肢體與情緒練習

遊戲的過程，需要視覺對照、規則切換與推理能力。因爲對照圖面中，上、下排皆爲雪花片，故小朋友在對照的過程，可能會出現看錯排或是被顏色干擾的失誤，甚至在做新鑰匙的過程，因爲是顏色不斷的重複出現，錯亂的情況可能會讓孩子忘記做到第幾個，不論是衝動隨性的孩子，還是堅持度高的孩子，面對這些混亂，都可能有情緒出現，這時僅需參照「簡單玩法」，陪著孩子一起完成 3 ～ 5 次辨識過程，再放手讓孩子獨立嘗試。

如果小朋友能夠不抱怨的獨立進行顏色推理，即便中間有亂掉的情形發生，都建議家長先讓孩子獨立完成後，再請孩子依序「檢查」。檢查是最容易錯亂的時候，看著自己做的答案，再看錯誤列，對照正確列，總共三次的顏色置換，很容易因爲看錯列而失去耐性，家長不妨珍惜這個得來不意的檢查機會，爲未來的習題檢查奠定良好的習慣與經驗。

2

遊戲難易度

★★★★☆

遊戲分齡建議

4 歲 以上

準備材料

① 超市或量販店的促銷目錄
② 五個圈圈
③ 硬幣（可略）

逛商店找優惠

修完鑰匙好累喔！為了感謝你們的幫忙，
我們一起去商店看看有什麼好吃和好玩的吧！
今天商店好像有特賣活動，
我們來看看有什麼划算的優惠吧！

Step ①

首先請小朋友將傳單上的商品剪下，建議**至少需要 20 個商品**。

一號店裡的商品
都是 1 元，二號店
的商品都是 2 元，
以此類推！

Step ②

將 20 個商品**平均分配到五個圈圈**裡，分別是第一間商店到第五間商店，進貨完成後，商店就要準備開門囉！

老闆說：
只要購買的產品
加起來是 6 元
就能夠打折，
變成 1 元喲！

Step ③

家長可以**任意挑選出幾個商品**放在圈圈外，或是跟孩子一起討論想買什麼，接下來就請小朋友結帳囉！這次想購買的商品總共需要付多少錢呢？

如何玩得簡單一點

- **以視覺提示先將折扣完成**。實際用硬幣來計算會變得容易一些，請小朋友先將每一個商品所需要的錢拿出來，接下來引導孩子去找一找，哪些商品加起來會需要6塊錢呢？將每一個搭配完成的6塊錢放在一堆（打折變爲1元了），最後再數看看總共需要多少錢？

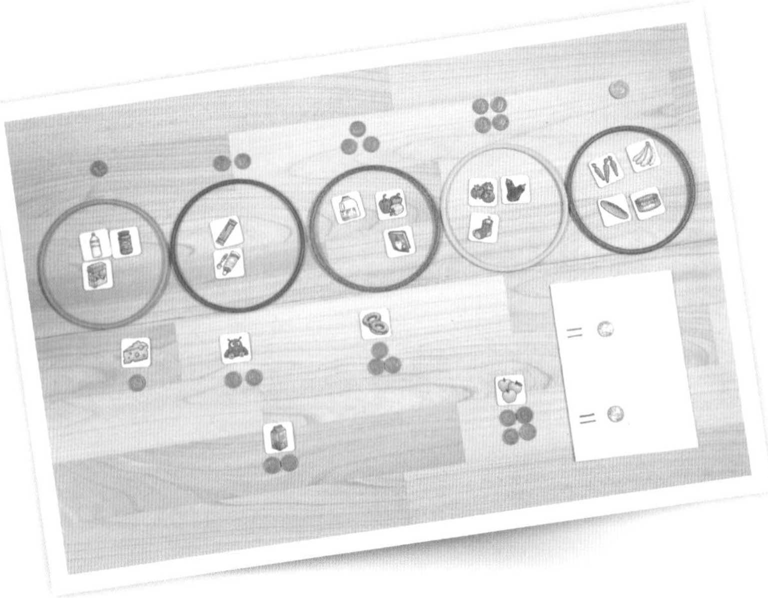

我可以給你12元，
你去超市看看可以
買哪些東西呢？
看看誰能夠買到
最多樣東西喔！

如何玩得難一點

- **指定購物金額**。讓孩子試著推理可以買到哪一些東西呢？答案不只一種，家長只需要核對孩子們買的東西是否符合金額喔！
- **指定購買物品**。請家長試著用說的，讓孩子聽聽這次要採買哪些物品？又需要帶多少錢去買呢？小朋友要注意聽並且記住本次要購買的商品，看著商品區邊聽邊將數字做加總，別忘了～領了錢再出發喔！

肢體與情緒練習

小朋友最喜歡買東西了，利用買東西的遊戲，滿足孩子的購買慾，在遊戲中帶入折扣的概念，增加小朋友對日常生活情境的理解。基本「湊成6元，即算1元」的數量轉換，希望帶入基本的數學加減概念，陪著孩子用手指頭做加減。

堅持度高的孩子面對「每6元」放一堆，看著6元卻得說服自己只能「算1元」的過程，很容易產生心理的糾結，畢竟要他們否定呈現在眼前的事物，是相當不容易的一件事。

隨性衝動的孩子面對指定物品的購買往往不上心，看到琳瑯滿目的商品，很容易將指定物品拋諸腦後，進而購買「自己喜歡的」物件。此時，不妨試著將指定物品減少爲3～4樣，甚至可以將同類的物品設定爲優惠套組，以利孩子記憶。此外，也別忘了當孩子成功幫忙購買2～3個套組，就給孩子一次開心購物的機會，讓孩子去買自己喜歡的東西，或是他想送你的禮物。

難度增加的遊戲玩法，孩子在聽所需購買的商品時，需看著商品區計算金額，再準備足夠的錢前往購買。這樣的遊戲方式，因爲步驟、程序變多，所以增加了「工作記憶」的挑戰，需要孩子們同時整合聽覺記憶和視覺訊息回饋，在處理訊息後，作出合適的行爲表現。多步驟的任務執行，可以挑戰孩子們的認知彈性，更可以訓練孩子們的整合能力。

3

投代幣轉扭蛋

遊戲難易度

★★★★☆

遊戲分齡建議

4 歲 以上

準備材料

① 彩色雪花片
② 撲克牌

正當小朋友買完東西要離開商店的時候，
發現有一個小朋友站在扭蛋機旁，
一問之下才知道，原來他不知道該投入哪一個代幣，
才能夠獲得扭蛋，快來幫幫他吧！

Step ①

先仔細聽聽**扭蛋機的遊戲說明**吧！

請投入代幣，
代幣總共分為 5 種，
紅色代幣為 1 元，
黃色代幣 2 元，藍色代幣 3 元，
綠色代幣 4 元，白色代幣 5 元；
請依照提示投入
所需的代幣。

Step ②

任意抽出 2 ～ 3 張價格標示卡（撲克牌），請小朋友先**將價錢加總起來**，就是本次扭蛋所需費用。

Step ③

接著請小朋友**用不同顏色的代幣（雪花片）**，
組合出本次扭蛋所需的費用吧！

如何玩得簡單一點

- **縮小數字累加總和**。可以先使用5以內的撲克牌，引導孩子嘗試不同的數字組合，甚至1～4的數字，可以直接將指定顏色的雪花片，直接擺放在撲克牌下方，即可免去記憶與整合的過程。

如何玩得難一點

- **增加加總數量**。當數字的總和越大或是加總的張數越多，小朋友在頭腦裡需要連續處理的數字自然越多，每一次都要記得加到最後的結果，難度也會增加許多。
- **指定2組以上的答案組數**。當孩子將價格標示卡上的數字加總完成後，鼓勵孩子找出所有可能的組合方式。也可以考慮加入同伴進行比賽，增加時間壓力與競爭感，看誰能最快找出最多不同的組合！

肢體與情緒練習

遊戲進行的過程，需要孩子們熟記紅黃藍綠白分別代表 1、2、3、4、5，並且在加總後記得「最後」所需費用為何，再以紅黃藍綠白重新湊出新的數列累加。累加的過程，孩子們很容易在數列中，順序錯亂，導致忘記加到哪裡，或是忘記哪些代幣已經加過，例如：標價為 13 的扭蛋，孩子們在累加代幣時，可能想要先使用紅黃藍＋？＋？，累加的過程紅黃藍是 6，總共要 13，接著想著要用綠色 4 的過程，就有可能變成 13+4=17。類似的數字交替、使用、加總的過程，容易因為亂掉需要不斷地重加，而讓孩子失去耐性。此時家長可以提醒小朋友用手指頭比著提醒自己，或是幫忙記得前一次累加的結果，讓孩子練習用數的將數字一個一個累加起來，累積數量加減的經驗。

堅持度高的孩子可能還會出現另一種情形，那就是因為沒有把握一次將「所有」需要的代幣湊出來，而選擇盯著標價，遲遲不肯作答，此時需要讓孩子知道，這個任務沒有標準答案，需要「任意開始」，隨著數字越來越靠近標價，才能陸續找出其他所需代幣。

衝動隨性的孩子要開始解決問題並不難，但細心度恐怕是家長需要幫忙注意的，差 1 或多 1 的情形，比較容易發生在他們身上，家長可以請孩子在完成後，運算檢查最後數字是否符合標價需求。

遊戲中需要聽覺專注與聽覺記憶能力，記得代幣所代表的價錢，將每一個選用的數字依序加總，屬於工作記憶的挑戰，完成價格計算後，再重新選擇不同代幣序列，拼湊出最後答案則屬認知彈性轉換，整個遊戲的過程，需要孩子們有過人的耐心，邊湊邊算，家長別忘了在孩子們失去耐心或是思考疲乏的同時，適時的給予協助，用成功的經驗換取思考的耐性，是再值得不過的事了。

指令理解與
邏輯推理遊戲

4

遊戲難易度

★★★★★

遊戲分齡建議

4 歲 以上

準備材料

① 蔬菜卡片（六種蔬菜多張）

愛吃菜的動物寶寶

小朋友開心地打開扭蛋，
發現裡面裝的居然是動物園門票。
大家一起來到可愛動物區，兔寶寶的飼育員好忙碌，
正忙著送蔬菜到籠子裡給兔子吃，
可以請你一起幫忙接力嗎？
趕快送完才能去幫其他動物搬家喔！

Step ①

運送蔬菜有一些注意事項，出菜的順序錯了，兔兔吃了可能會生病，先來**聽聽看飼育員怎麼說**吧！

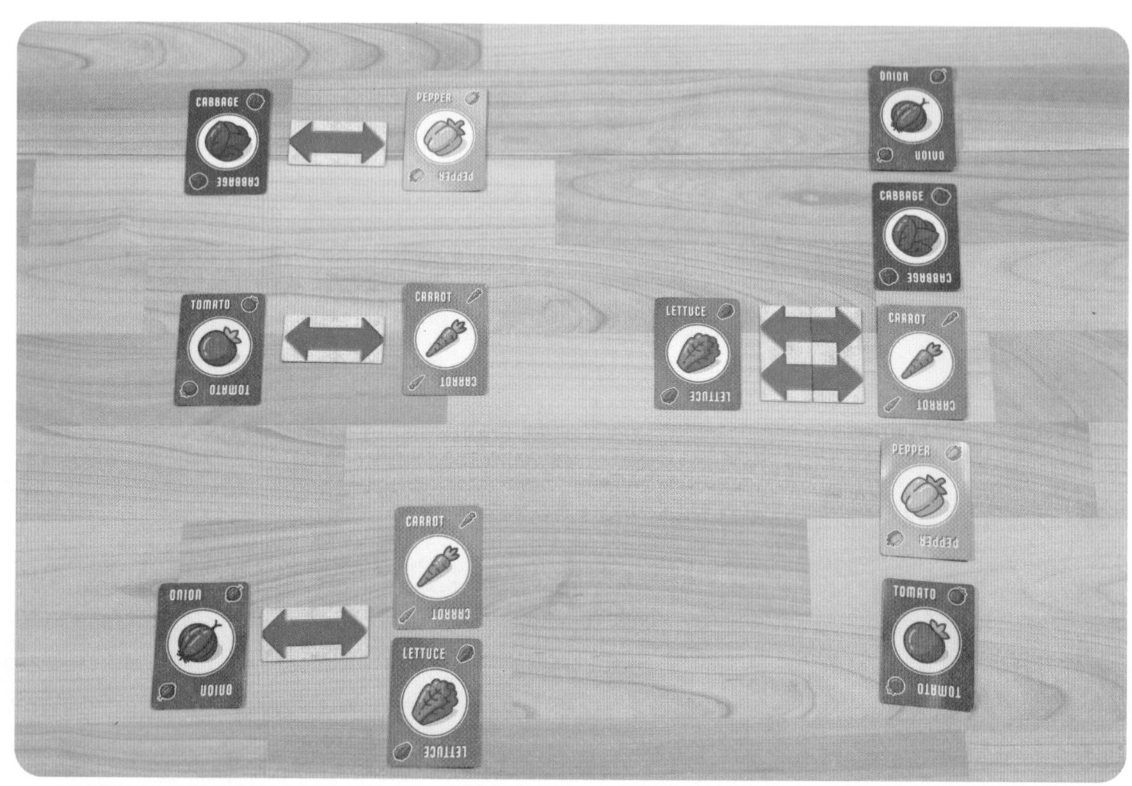

餵食組合範例：

紫高麗菜只能搭配**黃甜椒**組合套餐

番茄只能搭配**紅蘿蔔**組合套餐

洋蔥可以搭配**蘿蔓或紅蘿蔔**組合

蘿蔓則可以和**任一蔬菜**組合

Step ②

先放上第一個蔬菜，小朋友要想想**後面可以接上哪一種蔬菜**呢？別忘記兔兔的飲食也要均衡，每一種蔬菜都要吃到喔！

如何玩得簡單一點

- **減少蔬菜種類**。如果孩子一時之間無法轉換，我們可以先挑選 4 種蔬菜先試試看。
  例如：可更改爲紫高麗菜和黃甜椒一組、紅蘿蔔、番茄可任意接。

如何玩得難一點

- **增加活動要求**。加入拍球活動和夥伴一起運送蔬菜吧！將蔬菜放在空間的另一頭，輪流拍球去拿蔬菜。孩子們看著前一個夥伴帶回來的蔬菜後，一邊拍球一邊思考可以挑選什麼蔬菜，其實非常挑戰孩子的專注力。
- **增加出發的人數**。和同伴一起出發時，需要同時注意及配合夥伴挑選的蔬菜，確定兩個人拿取的蔬菜種類，是可以接在一起的，不能只顧自己想要的喲！

肢體與情緒練習

選擇蔬菜的過程，很容易忽略指令設定的套餐條件，轉而隨意拿取眼前的蔬菜，套餐配套表就像餐廳櫃台上方的「菜單」一樣，放置在小朋友眼前，讓小朋友可以試著運用菜單的提示，思考蔬菜種類的搭配邏輯，減少記憶的干擾與混亂。

堅持度高的孩子在遊戲中比較容易出現拿取「固定套餐」情形，這時要請家長居中插入 1 ～ 2 種不同的蔬菜，增添孩子出餐的豐富性。此外，找夥伴一起出發買菜，很適合堅持己見的寶貝們，在選取蔬菜種類的同時，需要考慮夥伴手上的蔬菜是否能夠一起接續，過程中所需的「討論」過程，是孩子們練習適切表達的絕佳機會。

隨性衝動的孩子則可能出現比較投機的做法，例如：每次都拿「萬用蔬菜」，或是抱持著「反正錯了會有人告訴我」的心情，逃避思考的需求，依賴他人的協助，出現隨意拿取的情形。這時要請家長把「可任意接」的蔬菜改爲「限量款」；或是在孩子拿取時，口頭提出其他選擇，請孩子想一下另一種蔬菜可以嗎？要不要拿回來試試看？

遊戲中需要視覺對照，找到可以順利接續的蔬菜，增加拍球前往買菜的過程，需要所謂的分散式專注力，讓孩子更專心在兩個以上的任務中，模擬學校邊聽老師說，邊記錄筆記的過程，加上多重選擇的答案，可以增加小朋友的認知彈性，繁瑣的資訊處理過程，需要家長多一點耐心，協助孩子在遊戲中獲得成就感。

5

遊戲難易度

★★★★☆

遊戲分齡建議

4 歲 以上

準備材料

① 動物圖卡
② 數字卡
③ 圈圈數個

動物救護車小幫手

離開了可愛動物區之後，動物飼育員請小幫手們來到動物園的醫務中心，
有一些動物生病了，獸醫先生正忙著讓牠們先住進醫務中心的籠子裡，
同樣疾病的動物要住在一起，準備要送去不同的動物醫院治療，
但因為牠們都生病躺著，需要比較大的空間，
所以每個籠子只能住 3 隻動物，救護車馬上就來了，
要請你幫忙讓動物趕快進到籠子裡，
才來得及送醫院喔！

Step ①

來看看紀錄表上的病例紀錄，**動物們到底生了什麼病**？

感冒頭痛：大象、長頸鹿、乳牛

擦傷流血：牧羊犬、猴子、羚羊

腸胃炎肚子痛：山羊、犀牛

Step ②

大家要**記住每一隻動物的診斷**，在帶動物進醫務中心的時候，是看不到紀錄表的喔！（將動物的病歷記錄卡片蓋住）

Step ③

每一個籠子裡（圈圈）都只能住 3 隻動物，而且只能是同一種疾病喔！

想想看，
你帶回去的動物該
住進哪一個籠子裡呢？
是頭痛？還是擦傷？
還是肚子痛？
牠們要上不同的救護車，
所以不能搞錯囉！

如何玩得簡單一點

- **提供病例紀錄卡**。如果孩子的聽覺記憶與視覺記憶較弱，無法依病症分類記得哪些動物要住在一起，則退回較為簡單的「視覺仿照」練習，提供病例記錄卡，讓孩子直接對照完成囉！
- **減少動物與病症數量**。先從 6 隻動物、2 種病症開始，待孩子熟悉遊戲節奏，再增加病症種類。

如何玩得難一點

- **加上數字卡**。在圓圈的底部增加數字卡（撲克牌），表示每一個籠子可以住的動物數量不同，孩子們需視每個籠子之收容數量，提醒自己該空間是否額滿，主動為動物更換收容空間。
- **增加入住限制**。每個籠子可以住的動物變多，但同個籠子最多只能有兩種疾病的動物。

院內廣播！院內廣播！
因為醫院籠子不夠，
所以每個籠子可以住 5 隻動物。
因為動物變多、空間狹小，
動物們關在一起難免會生氣，
所以要「特別注意」有些動物
不能關在一起，規則如下：
山羊跟羚羊不能住在一起，
因為牠們會吵架。
大象跟牧羊犬不能住在一起，
因為牧羊犬會被壓扁。
犀牛跟乳牛不能住在一起，
因為乳牛會怕犀牛角。

肢體與情緒練習

這個遊戲要記得的條件較多，可以引導孩子利用情境聯想、諧音、特色來幫助記憶，找到屬於自己的分類方式，例如：跑比較快的猴子、羚羊和牧羊犬比較容易跌倒擦傷。在出題時，記得使用孩子較常聽到的病症，如：流鼻水、咳嗽、發燒、肚子痛等常見症狀，減輕孩子對專有名詞或陌生名詞的記憶負擔。

堅持度高的孩子難免陷入情境太多，糾結在「他們爲什麼會生病？」的十萬個爲什麼，而忽略了遊戲該如何進行，這時要請家長直接延續情境，告訴孩子：「你趕快想牠們要去哪一個籠子，不然救護車要來了，會先載走肚子痛的動物，你知道是哪些嗎？趕快去幫我帶牠們回來。」當孩子可以順利完成第一個病症，自然較容易接著上手後續的遊戲規則。

隨性衝動的孩子則容易忘記一個籠子只能住 3 隻動物，而出現把動物放進籠子裡就完成的誤會，往往開心的把動物放進眼前的籠子裡，缺乏規則條件的記憶確認。此時，需要家長告訴孩子：「我知道你怕牠們不舒服，急著要帶牠們回來，但是萬一牠們看錯醫生會痛更久，所以要請你想一下牠們應該要住進哪一個籠子，才不會看錯醫生喔！」

如果孩子對於生病看醫生的情境興趣缺缺，可以試著將規則改爲「動物屬性或特色」是否適合住在一起，整個遊戲的架構需要很精準的記憶力，並且找到屬於自己的整理或記憶技巧，面對聽到的條件，或是看到的病歷紀錄卡，也需要整合視、聽覺訊息，推理出合適的分類結果，遊戲情境也考驗著家長出題的反應與彈性，倘若家長自己會有混亂的情況，記得自己拿起紙筆記錄下來，以免因爲大人的混亂，擾亂孩子的邏輯推理。

CHAPTER

6

桌遊可以怎麼玩

桌遊是近年來不斷被推崇的專注力好物，輪替式遊戲與相互關聯的規則，是孩子們培養共同專注力與邏輯思考能力的最佳選擇。面對輪替的過程，孩子需要時時關注桌面上的變化，適時作出策略的調整，此時，相對應的因果關係，與瞻前顧後的策略調整，都是孩子們面對認知學習必備的功能。坊間桌遊提點的認知功能多半大同小異，但其實要在桌遊中做出變化並不難，除了桌遊本身的玩法之外，身為引導者的我們，用桌遊變異出不同的玩法，一方面增加孩子對遊戲的新鮮感，一方面增加孩子對父母的崇拜，玩樂之餘也帶來事半功倍的效果。

桌遊

1

打地鼠

內容物

① 56 張動物牌
（7 種動物各 8 張）
② 21 張指定動物槌子牌
③ 3 張萬用鎚子牌

玩法 1

1234567，我的朋友在哪裡？

將萬用槌子卡片抽掉，**剩下的卡片洗牌後，平均發給所有**人，中間放上桌鈴，遊戲就準備開始囉！

遊戲難易度	遊戲人數
★★☆☆☆	2 人以上

好大的一座森林裡，動物們都走散了，牠們本來都是 3 個手牽手走在一起，你看見牠們了嗎？快幫忙找出來吧！

遊戲方法

①

大家同時翻開一張卡片，只要牌面上**出現有 3 隻一模一樣的動物**時，就得趕快按桌鈴搶答喔！

②

但是要小心有大野狼混在裡頭喔！牠會帶著一隻槌子假裝成動物，所以**有槌子的卡片不能算進去喔！**

③

搶答成功的人就能獲得動物卡，當所有玩家手上的卡片用完時，數數看**共找到幾組卡片**，擁有最多組的玩家獲勝。

玩法 2

我是小小獵人

遊戲難易度

★★☆☆☆

遊戲人數

2～4人

小小獵人要出發抓動物囉！大家分工合作，每個人會有負責的動物，該輪到誰出發可別搞錯囉！

①

將指定動物槌子抽出來，洗牌後**每一回合抽一張指定動物**，放在自己面前代表這次要獵捕的動物。

②

剩下的卡片洗牌後平均發給每一個人，遊戲就準備要開始囉！

遊戲方法

①

大家同時丟出一張卡片，如果小獵人發現有**出現自己的目標，就趕快抓住動物**，抓到後則本次任務完成，可以重新抽出下一張任務卡。

溫馨小提醒

對於較熟悉這款遊戲的小朋友，我們可以變化規則，由主持人發號施令，只有在聽到自己負責的動物名稱時，才能出發抓動物完成任務喔！譬如：抓浣熊、狐狸，那就只有負責這兩個動物的獵人才能出動喔！

②

注意：如果出現「萬用鎚」卡片，就代表所有獵人都能**任意抓一隻動物**，完成本次任務。

③

最後看看誰**成功抓到最多動物**，就是今天的最佳獵人喔！

玩法 3　車票發售中

準備一個桌鈴，並將所有卡片蓋住放置在桌面中央。

遊戲難易度

★★★★☆

遊戲人數

2 人以上

小朋友今天要帶著動物一起搭車，但是每一隻動物所需要付的車票錢都不一樣，要仔細看好動物身上的車票價錢，來看看誰能最快幫動物買完車票呢？

①

每個人每次擁有 6 元可以幫動物們買票，要特別**注意每一張帶有梯子的動物**，都需要付 3 元喔！

②

而有**萬用梯子的卡片則是一張打折卡**，車票價格可以扣 1 元喔！

③

大家輪流翻開一張卡片放在桌面，當玩家發現有**加起來 6 元的動物**出現時，就趕快按桌鈴搶答。最後能夠帶最多動物上車的人就獲勝囉！

桌遊

2

內容物

① 45 張新鮮魚圖卡
② 8 張食人魚（8 色）

大魚吃小魚

玩法 1

食人魚大隊來了~

將 8 種顏色的食人魚圖卡排列在桌面中央，將剩下的新鮮魚圖卡放置在中間。

遊戲難易度

★★☆☆☆

遊戲人數

2 人以上

啊！好餓的食人魚大隊來了，趕快準備新鮮魚給牠們吃，可是牠們有指定菜單，每種顏色的食人魚要吃跟自己顏色一樣的大魚喔！來看看誰能最快送上餐點！

①

由主持人翻開一張，仔細瞧瞧裡頭**最大隻的魚是什麼顏色**，快按桌鈴回答是哪一隻食人魚要吃的？

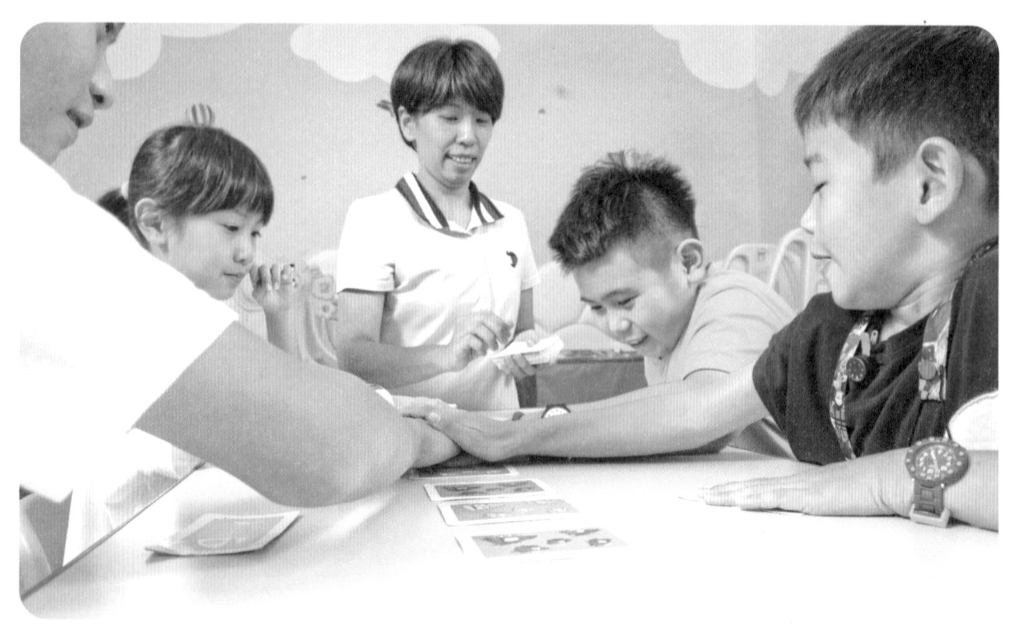

②

搶答成功的小朋友可獲得一張食人魚吃掉後的**魚骨頭圖卡**，首先獲得 10 張魚骨頭的小朋友就獲勝囉！

溫馨小提醒

適合 2 歲左右的孩子認識大小概念以及顏色配對喔！對於剛嘗試桌遊的小小孩來說，也可以改為自己翻牌，先讓孩子練習回答可以給哪一隻食人魚喲！

玩法 2

捕魚樂

遊戲難易度

★★★☆☆

遊戲人數

2 人以上

我們今天要搭船去捕魚囉！魚兒游來游去，一旦出現目標數量的魚，就得趕緊把魚網收起來，不然魚可是會跑走的喔！來看看誰是眼睛最利的捕魚王吧！

準備一顆骰子，將所有食人魚卡片蓋住放在桌上，接著將剩下的卡片洗牌後平均分給大家。

遊戲方法

①

輪流派出一位玩家負責丟擲骰子及抽一張食人魚，**決定目標魚的顏色及數量**。

②

所有玩家同時翻開一張卡片，當牌面上出現**符合指定的目標魚及數量**時，舉手搶答就能獲得這次所抓到的魚。

③

剩下並未抓走的魚卡片仍然放在牌面上，用完的食人魚卡片則放回重新洗牌，接著派出另一個玩家丟擲骰子及抽食人魚卡片，進入下一回合。

④

當所有人手上的卡片用光時，統計每個人獲得幾張魚卡片，**最多張的人就是捕魚王**囉！

玩法 3

剩下什麼魚？

遊戲難易度	遊戲人數
★★★★☆	2 人以上

海底世界裡，住了各式各樣的魚，有許多不同顏色、大大小小的魚，還有可怕的食人魚喲！大魚會吃掉相同顏色的小魚，食人魚則會吃掉所有跟牠一樣顏色的魚，究竟今天的海底世界裡，最後會剩下什麼魚呢？

將所有圖卡平均分給大家，將桌鈴放置在桌面中央。

遊戲方法

牌面上應剩餘：白 1 紫 1 黃 1 咖啡 1 黑 1 綠 2 藍 1。

①

每回合大家一起數到 3 後，同時翻開一張牌，快點仔細數一數，大魚會吃掉小魚，搶答最後會剩下哪幾隻魚呢？

②

將翻開的卡片分配給搶答失敗的人，最快將手中卡片用光的人就獲勝囉！

溫馨小提醒

想增加些刺激度以及難度的話，可以挑戰一次翻開兩張卡片，卡片張數越多，更挑戰孩子視覺搜尋的速度，也越刺激喔！

桌遊

3

內容物

① 10 種醜娃娃卡片
各 8 張

醜娃娃

玩法 1

抓妖大隊

牌組由主持人洗牌後置於手上，一次發 1 張牌於桌面上，妖怪分類指示牌組置於桌面，讓所有玩家看到。

遊戲難易度

★★☆☆☆

遊戲人數

2 人以上

妖怪滿街跑，現在要請你們去抓妖，妖怪有四大族群：咖啡妖怪、粉紅妖怪、黃綠妖怪及藍色妖怪。今天你們是抓妖大師，專長都不一樣，只能負責抓自己擅長抓的妖怪喔！

①

主持人先指定玩家們抓**特定的妖怪**。

②

主持人發牌，玩家們**觀察出現在桌面的卡片**是否爲自己要負責抓的妖怪，若爲自己要負責的，就要把卡片帶走。

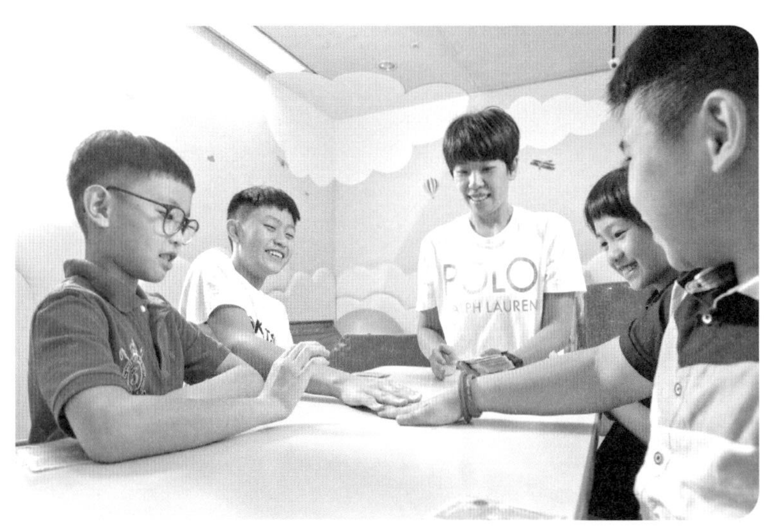

③

限時 10 秒，若妖怪卡在桌面上太久都沒有人抓，妖怪就會跑走（主持人回收卡片，置於手上牌堆）。

④

當主持人發完手中的牌，遊戲即結束，抓走最多妖怪的玩家即爲贏家。

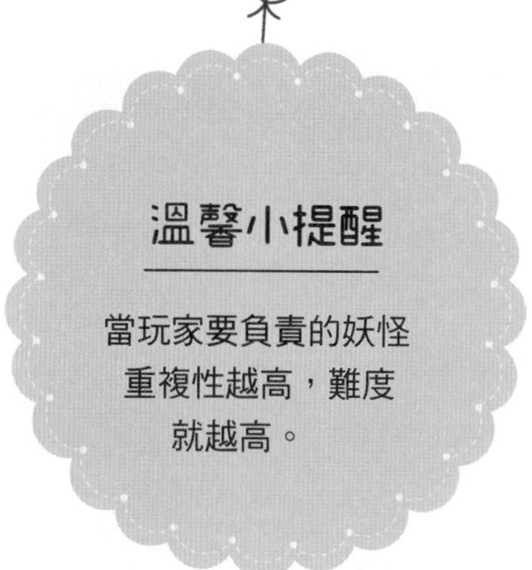

妖怪宿舍

遊戲準備

將牌組洗牌後置於桌子中間，玩家輪流翻牌。妖怪們隨機分成 3 ～ 4 類，代表他們住在同一層樓。

遊戲難易度

★★★☆☆

遊戲人數

2 人以上

妖怪宿舍的電梯壞了，要請你們用人工掌聲電梯把他們送回宿舍去，麻煩你們救救下班很累的妖怪們！

①

玩家每次翻**3 張牌**。

②

請玩家找找看這些妖怪**最高住在幾樓**？電梯需要開到幾樓呢？

③

拍 1 下手，電梯就可以開到 1 樓；拍 2 下手就可以開到 2 樓。例如：抽到的妖怪住戶分別住 3、2、4 樓，最高的住戶在 4 樓，所以要拍手 4 下。

④

限時 10 秒，下一組乘客就來了。10 秒內運送成功才能將妖怪牌帶走。

⑤

當桌面牌組抽完，遊戲即結束，**手上有最多牌**的玩家即為贏家。

監獄風雲

遊戲準備

遊戲難易度

★★★★☆

遊戲人數

2～6人

犯人逃走了，請把犯人抓回來，但要注意他們是不是同夥喔！

在桌面上擺放多個圈圈，將牌組洗牌後置於桌子中間，玩家輪流翻牌。

←調皮鬼

←搗蛋鬼

←貪吃鬼

←倒霉鬼

家長可自行設定通緝名單以及罪名。如：挑食、愛哭、打人、尖叫……等孩子們熟悉的議題，增加遊戲熟悉度。

①

玩家每次翻一張牌，將牌放在可以放的圈圈內。

②

每一個監獄（圈圈）都只能關 3 個犯人，**若把同夥關在一起就會越獄逃跑**。例如：兩隻調皮鬼（長耳怪）關在一起，他們就會一起逃跑，兩張卡片就會同時被回收至牌組最下方。

③

成功把監獄關滿 3 位犯人的玩家可以成為監獄管理員，帶走圈圈內的犯人。

④

當牌組抽完，即遊戲結束，抓到最多犯人的玩家即為贏家。

桌遊

4

內容物

① 水果與動物紙牌
② 桌鈴 1 個

德國心臟病

水果大胃王

將桌鈴置於桌面中央；把動物牌抽出來後，平均發給所有玩家，牌面朝下置於玩家前方成爲牌堆。

遊戲難易度	遊戲人數
★★★☆☆	2～6人

水果市場有賣草莓、檸檬、香蕉跟梅子，愛吃的你想要全部帶走，但市場有防範大胃王的規則，到底怎麼樣才吃得到又不會違規呢？

①

由年紀最小的人開始，**輪流翻開一張牌**到牌堆前方。

②

一開始用香蕉當成指定水果，當指定水果的數量「**超過**」**5個時就可以拍桌鈴搶答**，成功就可以把所有已翻開的卡片，再次收回到自己的牌堆裡。

③

搶答成功者可以指定下一輪的水果。

溫馨小提醒

可以將指定水果改為任意水果來增加難度，這樣小朋友就需要隨時注意場上的水果數量變化，會更刺激喔！

④

最先把卡片用完的人就輸囉！

玩法 2

拜託老闆

遊戲難易度

★★★☆☆

遊戲人數

2～6人

水果界三大殺手的「象豬猴」來要水果吃，大象最愛吃草莓，猴子喜歡吃香蕉，小豬喜歡吃檸檬。業界最佛心的老闆告訴動物們，只要牠們喜歡，免費贈送，因此請幫忙老闆清點他那少得可憐的水果還剩下多少吧！

①

將桌鈴置於桌面中央，卡片洗牌後，面朝下置於桌鈴旁。

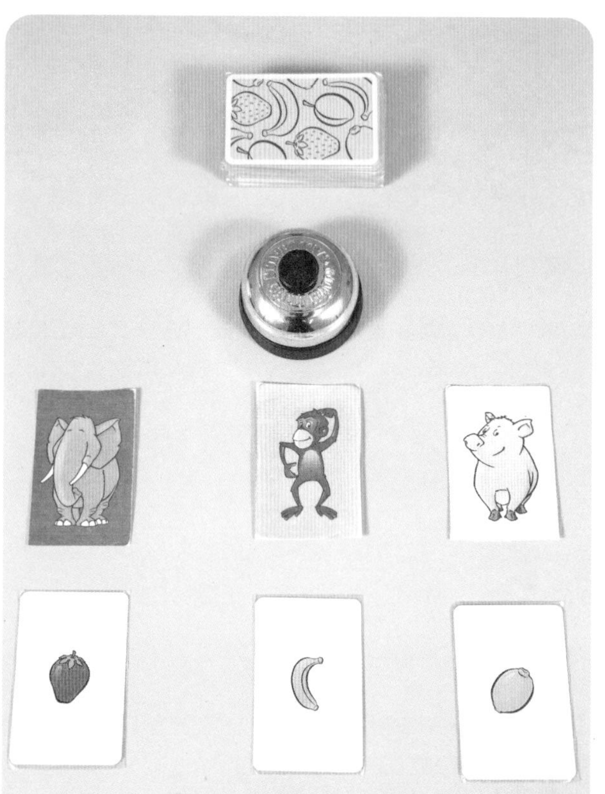

②

由玩家輪流當主持人。

①

主持人**抽出 5 張卡片**一次翻開。

②

其他玩家**數出牌面的水果數量**分別有幾個。

③

如果有出現動物卡片，則**動物會把喜歡吃的水果吃掉**，因此該水果就不可以算進去。

④

最快數完的人按鈴搶答，可以拿走該回合的水果卡片；動物卡片放回牌堆裡。

⑤

所有卡片用完時遊戲結束，結算每個人的卡片數量，獲得最多卡片的人就獲勝。

玩法 3

限時搶購中

遊戲難易度

★★★★★

遊戲人數

2～6人

佛心老闆今天心情好大放送，給你購物金，只要你能拿到「剛好」這個價錢的水果就可以通通帶走。好康只有今天，快來搶購！

①

設定各水果價格：
草莓→ 1 元；香蕉→ 2 元；
梅子→ 3 元；檸檬→ 4 元。

②

將桌鈴置於桌面中央，水果卡片翻開隨意散布在桌上。

①

由第一位玩家**指定這次購買的價格**，例如這次有 13 元購物金。

②

有了價格後就可以開始尋找水果卡片來湊齊 13 元，可以是**多張卡片的組合**。

③

完成後按鈴搶答，大家一起檢查，如果價格太多或太少，就會失去這輪的資格，由下一位完成的玩家回答。

④

當其中一位玩家拿到 20 張卡片時遊戲結束。

溫馨小提醒

想要最快收集到 20 張卡片，需要動動腦，想想怎麼樣才能達成條件，又同時拿到很多卡片喔！

桌遊

5

內容物

① 紅黃藍綠黑的杯子 4 組
② 題目卡
③ 桌鈴

快手疊杯

玩法 1

設計圖，跑哪去？

由玩家輪流當主持人，主持人隨機選擇一張題目卡，並將杯子按照題目卡疊好；疊好的杯子放在中央，並將所有題目卡散布在桌上，遊戲開始。

遊戲難易度 ★★★☆☆

遊戲人數 2～6人

你是一位頂尖的設計師。剛剛蓋好的大樓需要廠商驗收，但是設計圖居然跟其他建案的混在一起了，眼尖的你，一定能一眼看出「這棟大樓的設計圖是哪一張吧？！」

①

玩家需要**觀察顏色順序**，找出符合杯子順序的題目卡。

②

成功的人就可以帶走卡片。

③

題目卡用完時遊戲結束，開始結算每位玩家的卡片。

玩法 2

聽好聽滿

遊戲難易度

★★★★☆

遊戲人數

2～4人

眼睛是我們的靈魂之窗，用久了需要休息，挑戰看看聽聲音來完成題目卡片吧！仔細聽聽主持人的提示來擺出正確的杯子順序喔！

①

5個顏色的杯子一組，放在玩家前方；桌鈴放置在桌子中央。

②

用拍桌鈴的次數代表杯子的擺放順序與顏色。紅色→1下；黃色→2下；藍色→3下；綠色→4下；黑色→5下

①

由玩家輪流當主持人，隨機抽出一張題目卡，**用拍的給出杯子順序**。

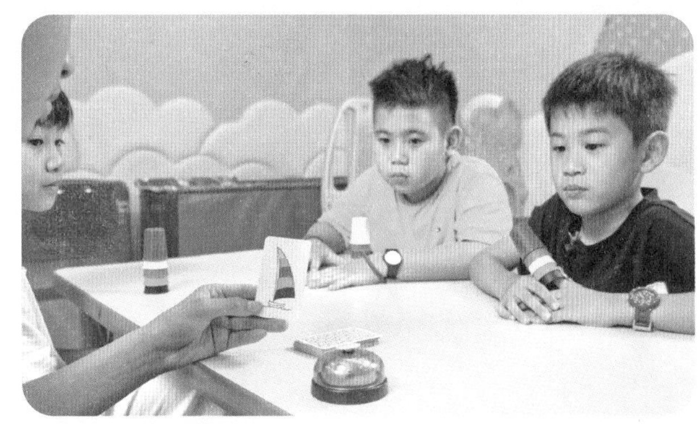

②

其他玩家在聽題目時，**雙手需放在桌上**，等到主持人拍完題目後才可以開始排杯子的順序。

③

完成後舉手表示完成，並給主持人檢查，成功就可以帶走卡片，失敗則檢查第二個舉手的人，依此類推。

④

卡片用完時，遊戲結束，結算每個人有幾張卡片。

玩法 3 營火舞會

遊戲難易度

★★★★★

遊戲人數

3～6人

營火晚會來囉！一起動起來準備跳舞！營火會給你提示要跳甚麼舞。但是有個神祕人躲在暗處觀察，只要有人跳錯就要接受他的處罰，仔細看看營火，不要走神跳錯舞步囉！

①

將杯子全部疊好放在桌子中央，最下面的杯子是起點。

②

設定杯子顏色對應的動作：
紅色→拍手；黃色→摸頭；
藍色→摸耳朵；綠色→摸鼻子；
黑色→做鬼臉

①

由年紀最小的人開始，依據最下面的杯子顏色做動作，下一個人要看第二個杯子做對應動作，依此類推。

②

若已經到達杯子頂端且沒有人失敗，可以往下繼續，但這次杯子順序需要跳一個，例如：第 20 個杯子→第 18 個→第 16 個……

③

直到有人失敗就結束該回合。思考時間超過 3 秒、做錯動作都需要接受處罰（自訂）。

桌遊

6

指環套套

內容物

① 50 張小卡
② 48 個小圈圈（紅、黃、藍、綠各 12 個）

玩法 1 洗盤子囉！

遊戲準備

將牌組蓋在桌子中間，圈圈圍著牌組擺放，玩家輪流翻牌。

遊戲難易度

★★★☆☆

遊戲人數

2 人以上

餐廳生意超好，有好多盤子要洗，聰明的你們一起來看看要洗幾號餐盤的呢？

遊戲方法

①

玩家每次翻一張牌，**翻牌的同時報數**。例如：有三個玩家，第一回合報數1、2、3，第二回合為4、5、6。

②

報數的數字即爲自己要找的數字，**玩家對應其顏色找到盤子**。例如：第一個人喊1，要找卡片上1的顏色，並找出該顏色圈圈。

③

若掀開的卡片上剛好沒有符合的數字，可從1重新開始。

④

當其中一個玩家沒有盤子可以拿的時候，任務結束。

⑤

由盤子最多的人獲勝。

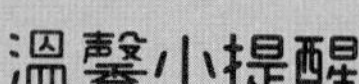

溫馨小提醒

此任務需要同時注意輪到哪一個玩家了，所以當參與的人數越多就會越難呦！

玩法 2

誰是冒牌貨

遊戲難易度

★★★★☆

遊戲人數

2 人以上

按數字搜尋顏色是不是有人跟你一樣，先找到的人大聲喊出來，動作慢的人就是冒牌貨！

將牌組洗牌後平分置於玩家手邊，圈圈擺放在在桌子中間。玩家們同時翻牌。

①

玩家們一次翻一張牌，觀察其他玩家的卡片，是否有**數字和顏色都剛好跟自己的一樣**？

②

先找到的人**大聲喊出數字及顏色**，成功搶答的人可以獲得該顏色的圈圈。

③

若該回合玩家們在桌面上的卡片都沒有重複的數字顏色，則一起再翻下一張。

④

當玩家手邊沒有卡片時，遊戲結束；得到最多圈圈的玩家，即爲贏家。

玩法 3 藏寶圖尋寶

先拿掉只有號碼1、2、3、4的卡片，將剩餘的牌組蓋在桌子中間，圈圈圍著牌組擺放。玩家們輪流代表翻牌。

遊戲難易度 ★★★★★

遊戲人數 2人以上

海盜們找到傳說中的藏寶圖，但他們發現每一張藏寶圖的「寶藏密碼」好像不太一樣，要麻煩小幫手們仔細看看，幫忙把每一張藏寶圖的寶藏找出來。

最大數字是5：寶藏為出現最多的顏色。

最大數字是6：寶藏為出現最多次的兩個顏色。

最大數字是7：寶藏為出現最少次的顏色。

①

代表玩家一次翻一張牌，玩家們一起搶答。

②

當卡片上出現最大的數字是 5 時，寶藏即為卡片上出現最多次的顏色，請從桌面上找出該顏色的圈圈。（如下圖：出現最多次的顏色爲黃色。）

③

當卡片上出現最大的數字是 7 時，寶藏即為卡片上出現最少次的顏色，請從桌面上找出該顏色的圈圈。

④

當卡片中最大數字為6，則該藏寶圖有兩種寶藏，即出現最多次的2種顏色。請從桌面上找出該顏色的圈圈，圈出寶藏。（如右圖：出現最多次的2種顏色爲藍色和黃色。）

⑤

當桌面上沒有牌時，遊戲結束，得到最多圈圈的玩家爲贏家。

親子田系列 056

10分鐘，玩出孩子專注力的潛能遊戲書

作　　者　張俸慈
協力團隊　潛力種子兒童教育中心
責任編輯　李愛芳
封面設計　張天薪
內文設計　連紫吟・曹任華

出版發行　采實文化事業股份有限公司
童書行銷　張惠屏・侯宜廷・林佩琪
業務發行　張世明・林踏欣・林坤蓉・王貞玉
國際版權　鄒欣穎・施維真・王盈潔
印務採購　曾玉霞・謝素琴
會計行政　李韶婉・許俽瑀・張婕莛
法律顧問　第一國際法律事務所　余淑杏律師
電子信箱　acme@acmebook.com.tw
采實官網　www.acmebook.com.tw
采實文化粉絲團　www.facebook.com/acmebook01
采實童書粉絲團　www.facebook.com/acmestory

I S B N　978-626-349-209-7
定　　價　450 元
初版一刷　2023 年 04 月
劃撥帳號　50148859
劃撥戶名　采實文化事業股份有限公司
104 臺北市中山區南京東路二段 95 號 9 樓
電話：(02)2511-9798
傳真：(02)2571-3298

國家圖書館出版品預行編目資料

10 分鐘，玩出孩子專注力的潛能遊戲書 / 張俸慈作 . -- 初版 . --
臺北市 : 采實文化事業股份有限公司 , 2023.04
224 面 ; 19×26 公分 . -- (親子田 ; 1056)
ISBN 978-626-349-209-7(平裝)

1.CST: 親職教育 2.CST: 潛能開發 3.CST: 注意力 4.CST: 兒童遊戲

528.2　　112002188

線上讀者回函

立即掃描 QR Code 或輸入下方網址，連結采實文化線上讀者回函，未來會不定期寄送書訊、活動消息，並有機會免費參加抽獎活動。
https://bit.ly/37oKZEa